Haben kommt von Sein

Nicole Rupp

Haben kommt von Sein

Der Wandel
zur erfüllten Geldbeziehung

Hans-Sachs-Strasse 17, Ottobrunn
Telefon: 089/ 608 602 18

nicole.rupp@geldbeziehung.de
www.geldbeziehung.de
www.habenkommtvonsein.de

Redaktion: Silke Kords
Layout: Véronique Grassinger
Fotografie: Anne Huneck
Druck: Books on Demand GmbH

ISBN-10: 3-00-018675-1
ISBN-13: 978-3-00-018675-2

Inhalt

1

Vorwort

Geld und materieller Besitz bestimmen unser Leben. In unserem Streben nach Geld, dem Wunsch nach immer mehr Besitz oder aus Angst vor mangelnder finanzieller Absicherung handeln wir unseren Werten und unserer Ethik zuwider, statt einfach unserer Menschlichkeit zu folgen.

Geld ist das, wozu wir es gemacht haben. Wir bestimmen, welchen Platz es in unserem Leben einnimmt und wie wir es verwenden. Wir tragen die Verantwortung für alle Entwicklungen, die aus unserem Umgang mit Geld entstehen. Alles was wir "haben", was sich in unserer Gesellschaft und in unserem eigenen Leben offenbart, ist die Folge unseres Denkens, Fühlens und Handelns - unseres Seins.

Im Zuge unseres kultivierten Billigwahns sind wir geneigt zu glauben, dass Geld zum großen Teil aus Einsparungen erwächst. In der Hoffnung auf mehr Geld sparen wir jedoch das, womit wir durch Geld immer verbunden sind: MENSCHEN. Wir sind unachtsam für all das, was wir durch Einsparungen und Einschränkungen verursachen. Großzügig beschneiden wir unser eigenes Potenzial. Wir leben einen Minderwert, der sich als Wertverlust unweigerlich im "Außen" zeigt.

Er wird deutlich in dem Verfall von Preisen und Werten, in dem Verlust von Arbeitsplätzen und dem geringeren Wert für erbrachte Arbeitsleistung, in dem empfundenen und gelebten

Selbstwertgefühl eines Menschen und einer ganzen Gesellschaft.

Die Menge des Geldes in unserem Leben und die Erfüllung, die es mit sich bringt, hat weniger mit Geld als solchem zu tun als mit uns selbst. Unsere empfundene Beziehung zu Geld spiegelt die Beziehung, die wir zu uns selbst haben. Sie ist der Spiegel unseres Seins.

Jede Handlung, die gegen unsere eigene Überzeugung, unser Gefühl, unsere Ethik verstößt, ist destruktiv. Dies zeigt sich in unserem Geldfluss, in unserem Umgang mit Geld und dem, was wir haben, nicht haben und verlieren.

Mit diesem Buch möchte ich aufzeigen, dass nachhaltiges finanzielles Wachstum nur aus gesunden Handlungen und im Einklang mit uns selbst entstehen kann. Dann gewinnen wir nicht nur finanziellen Mehrwert, sondern auch mehr Lebensfreude, Genuss, Sinn, Leichtigkeit und menschliche Begegnung. Unser Selbstwertgefühl steigt und wir erfreuen uns besserer Gesundheit, wenn wir auch finanziell in Harmonie leben.

Möge das Buch Sie inspirieren und in Ihnen fruchtbare Impulse auslösen, die Ihnen ein gesundes, reiches und erfülltes Wachstum bescheren!

2

Eine Frage des Glaubens

Wir alle verbinden bestimmte Überzeugungen mit Geld, die früh in uns angelegt wurden. Beispielsweise durch das, was wir in unserer Kindheit durch unsere Eltern und unsere Familie erfahren, bewusst vermittelt bekommen und unbewusst wahrgenommen haben. Auch das Bild von Geld in unserer Gesellschaft prägt unser Denken und Handeln im Umgang mit Geld. In jedem Film werden uns Menschen in den verschiedensten finanziellen Situationen gezeigt, die das Bild eines attraktiven Reichtums, unseren Wunsch nach mehr Geld oder auch unsere Verachtung darüber beeinflussen.

Wie wir über Geld denken, spielt eine tragende Rolle für den eigenen Umgang mit Geld und auch die Menge an Geld, die wir uns in unserem Leben zugestehen. Solange wir mit Geld nur negative Bilder, Gedanken und Gefühle verbinden, sind wir nicht offen für Reichtum in unserem Leben.

Geld ist in unserer Gesellschaft nicht nur positiv anerkannt, sondern auch mit zwiespältiger oder ablehnender Haltung verbunden. Eine Ursache dafür, dass ein Mensch nur über wenig finanzielle Mittel verfügt, ist seine unbewusste Angst, mit viel Geld genauso zu werden wie die Menschen, die er wegen des Geldes verurteilt. Die Angst davor, durch Geld ein schlechter Mensch zu werden, mag berechtigt scheinen. Doch Geld hat auf das Wesen eines Menschen keinen Einfluss. Das Gegenteil ist der Fall: Am Umgang mit Geld zeigt sich der wahre Charakter eines Menschen. Sie sind die Person, die Sie sind, und haben den Charakter, den Sie besitzen. Sie könnten mit größerem finanziellen Spielraum mehr Gutes tun, wenn Ihnen daran liegt. Sie können also Reichtum anstreben, im Überfluss leben und noch dazu

> *Ihr Denken beeinflusst Ihr Handeln und damit Ihre Realität*

alle Projekte unterstützen, die Ihnen am Herzen liegen. Sie können der gleiche ethische und moralische Mensch sein wie eh und je. Der gleiche Mensch, der Sie auch ohne bzw. mit wenig Geld wären. Nur wozu sollten Sie sich jetzt noch für weniger Geld entscheiden?

Falls Sie also Geld verachten oder keine schönen Bilder mit größerem Reichtum verbinden, dann wird es Zeit, Ihre Einstellung zu Geld noch einmal zu überdenken. Denn alles, wovon wir überzeugt sind, prägen wir durch unseren Glauben daran entscheidend mit. Unbewusst handeln wir so, dass sich das bestätigt, woran wir glauben. Deshalb ist es so wichtig, mit den Glaubenssätzen aufzuräumen, die uns von unserem gewünschten Reichtum abhalten.

Wir glauben so vieles, was unserem eigenen genussvollen Leben entgegensteht. Wir glauben, dass

- wir mehr Sicherheit erlangen, indem wir uns mit mehr materiellen Dingen umgeben.
- Geld uns Erfüllung und Glück bringt, und opfern diese Werte bereitwillig auf dem Weg zu mehr Geld.
- es nur Gewinner und Verlierer gibt.

- wir uns zwischen Geld oder Liebe entscheiden müssen.
- „man“ einfach nicht alles haben kann.
- wir Geld durch harte Arbeit verdienen und man für sein Geld viel tun „muss“.
- wir liebenswerter und wertvoller sind, wenn wir schön und jung aussehen.
- wir weniger Liebe erleben, wenn wir alt sind.
- wir geachtet werden, wenn wir – wie im Märchen – zu den guten Armen gehören.
- man es nur zu Geld bringen kann mit düsteren Machenschaften und
- Geld schmutzig sei und unseren Charakter verdirbt.
- man in Geldangelegenheiten niemandem trauen kann – und trauen uns selbst in Bezug auf Geld nicht über den Weg.
- Und wir glauben, dass bei Geld die Freundschaft aufhört, dabei fängt sie da erst an! Wenn in Ihrer Freundschaft kein Geld mehr fließt und sich Ihr Freund nur noch um sein Geld kümmert, dann war nicht das Geld daran schuld. Sie als Person genießen offensichtlich nicht den Wert in dieser Beziehung, den Sie und diese Freundschaft verdienen.

> *Denken und erwarten Sie schon,*
> *dass Ihr Leben reich und erfüllt sein wird?*

Wir sind unserem eigenen Glauben an Geld und unseren negativen Geldglaubenssätzen verfallen. Deshalb glauben wir noch nicht, dass
- wir viel Geld mit Freude verdienen können.
- wir am meisten verdienen, wenn wir das geben, was wir gut und gerne und deshalb mit ehrlicher Begeisterung geben.
- Geld uns folgt, sobald wir uns selbst folgen.

- Geld erst dann mit Leichtigkeit in unser Leben kommt, wenn wir es mit Leichtigkeit in unser Leben lassen.
- Geld uns nicht glücklich macht, wenn wir nicht bereits glücklich sind – auch auf dem Weg zu mehr Geld.
- Geld immer mit Beziehungen zu tun hat und wir selbst diese Qualität an menschlichen Beziehungen bestimmen.
- Geld immer Ausdruck unserer Wertschätzung ist.
- es keinen überzeugenden Grund gibt, auf Geld zu verzichten
- und es keinen guten Grund geben kann, sich ohne, mit oder für viel Geld schlecht zu fühlen oder gar zu schämen.
- wir immer der Mensch sind, der wir sind – ganz gleich wie viel Geld wir besitzen.
- Geld immer nur das ist, was wir daraus machen!

Was glauben Sie?

3

Der Wert des Geldes

In seiner ursprünglichsten Form erfüllt Geld den Wert, den Austausch in Beziehungen zu erleichtern und zu fördern. Anstatt schwere Güter oder verderbliche Ware zu tauschen, hat man sich auf „Geld“ als Zahlungseinheit geeinigt. Damit es diese Aufgabe erfüllen kann, muss Geld verschiedene Eigenschaften besitzen. So muss es wertbeständig, knapp, begehrt und als Tauschmittel anerkannt sein. Auch muss es leicht transportiert und aufbewahrt werden können. Doch dadurch, dass sich unser heutiges Geld so gut aufbewahren lässt, horten wir es gerne, und das umso lieber, je größer unsere Angst vor der Zukunft ist. Um mehr Geld zu haben, sparen wir häufig an menschlicher Leistung, da diese „zu teuer“ ist und somit Einsparpotenzial bietet. Damit sparen wir das ein, was Geld eigentlich erleichtern sollte: den Austausch in zwischenmenschlichen Beziehungen.

Geld hat damit seinen symbolischen Wert verloren. Es hat auch real an Wert verloren. Unser Geld besitzt heute keinen Eigenwert mehr. Bis 1939 war es noch so, dass das umlaufende Geld durch Gold oder Devisen gedeckt war. Für jede Geldeinheit war bei der Notenbank eine bestimmte Menge an Gold deponiert, womit das Geld durch einen realen Gegenwert abgesichert war. Nachdem diese Gelddeckung aufgelöst wurde, tauschen wir nun Geld, das keinen wirklichen Wert mehr verkörpert. Ein 100-EUR-Schein ist keine 100 EUR wert. Die Grundlage für den Wert von Geld liegt in unserer gemeinsamen Überzeugung, dass es als Tauschmittel gegen Waren und Dienstleistungen von uns anerkannt wird. Unser Geldsystem basiert somit auf unserem Vertrauen, das wir darin haben. Geld als solches bietet keine reale Sicherheit, auf die wir uns verlassen können.

Deshalb verhalten sich viele Menschen im Umgang mit Geld verunsichert und fürchten sich vor einem finanziellen Mangel. Die Angst vor diesem Mangel verleitet dazu, über das eigene Maß an angstfreiem Verhalten hinaus zu sparen, zu geizen, zu horten und begierig noch billiger einzukaufen. Geiz ist inzwischen gesellschaftsfähig und billig einkaufen Kult. Während wir also den Einzelhändler in unserer Umgebung vernachlässigen, erfreuen sich nur noch die wenigen großen Discountketten eines immer größeren finanziellen Überflusses. Wir bringen dadurch prall gefüllte Konten weniger Empfänger zum Überquellen, während der breiten Masse an Menschen dadurch dieses Geld immer mehr vorenthalten wird. Im Zuge des steigenden Preisdruckes fallen viele kleine Unternehmen und sehr viele Arbeitsplätze weg. In Zeiten, in denen Produkte schon billig sind, gibt es vor allem eine zuverlässige Möglichkeit, weitere Kosten zu sparen: der Faktor „Mensch“. Unsere menschliche Arbeitsleistung ist teuer und teurer als in vielen anderen Ländern dieser Welt. Sie ist zunehmend zu teuer, um unseren eigenen Ansprüchen nach billigen Produkten noch standhalten zu können.

Der befürchtete Mangel entsteht also erst dadurch, dass wir dem Geldkreislauf unser Geld entziehen und nur noch in wenige Kanäle fließen lassen. Wir bestätigen uns in unserem Glauben an den Mangel und realisieren den Mangel durch unseren ungebrochenen Glauben daran.

Geld an sich erschafft keinen Reichtum und löst auch nicht den Mangel aus. Es ist nicht verantwortlich für all das, was wir mit ihm machen. Wir haben Geld erfunden und es zu dem gemacht, was es heute ist. Geld ist wie ein Stimmzettel, denn mit jeder Geldausgabe treffen wir eine Wahl. Niemand außer uns selbst trägt zu den Entwicklungen bei, die uns alle betreffen. Im Moment sparen wir jeden Cent menschlicher Leistung und

> *Sie tragen die Verantwortung für Ihr Leben – und dazu gehört auch Ihr Geld*

rationalisieren Arbeitsplätze weg, wo immer es möglich ist – und damit auch Menschen, die wiederum Nachfrage generieren würden. Wir tragen zu einem größeren sozialen Ungleichgewicht bei und verbilligen unsere Gesellschaft. Wir begrenzen die Dynamik und den regen Austausch zwischen Menschen. Wir selbst sind es, die uns begrenzen und einschränken. All das in der Illusion, dadurch mehr Geld im eigenen Portemonnaie zu haben.

Wenn wir die Augen weit genug öffnen, stellen wir fest, dass es nicht so ist. Sparen am Menschen verhilft nur kurzfristig und nur scheinbar zu finanziellem Wachstum. Stabiles nachhaltiges Wachstum bleibt auf der Strecke. Auf der Seite derjenigen, bei denen finanzielles Wachstum wuchert, stellt sich die Frage, inwieweit jeder zusätzliche Euro zu noch mehr Erfüllung beitragen kann.

Wir haben uns offenbar damit abgefunden, dass uns die Mitte abhanden kommt zugunsten einer Zweiklassengesellschaft. Als Individuum sind wir verloren, wenn wir unsere Mitte verlieren. Auch eine Gesellschaft gerät ohne ihre Mitte aus der gesunden Balance. In den zwei Extremen zu leben, zwischen extremer Armut und extremem Reichtum, bedeutet einen Verlust für beide Seiten. Denn für die Reichen wird ihr eigener Reichtum immer beängstigender, wenn es immer mehr Menschen gibt, die ihnen diesen Reichtum neiden, wütend sind und von dem Kuchen etwas abhaben wollen. Sicherheitsanlagen bieten einen gewissen Schutz, doch das eigentliche Risiko, das von „der anderen Seite" ausgeht, muss dennoch mit Angst und Unsicherheit ertragen werden. Die Lebensqualität steigt auf beiden Seiten nicht. Und die Probleme in allen Bereichen unseres Lebens werden größer. Der Unmut wird weiter steigen zu Lasten unserer Lebensfreude, Leichtigkeit und Menschlichkeit.

Wir haben ein großes Stück Vertrauen in unser Geld und unseren Umgang damit verloren und damit auch in uns als Gesellschaft, die zu einem stimmigen finanziellen Austausch in Beziehungen fähig ist. Unser wirklicher Glaube und unser tiefes Vertrauen in das Leben und in uns selbst sind uns spürbar abhanden gekommen. Heute brauchen wir sichtbare Beweise. Konkret fassbar und vorzeigefähig müssen sie sein, sodass wir wieder sehen, woran wir glauben können, und uns sicher fühlen können. So kaufen wir uns massenweise billige Produkte, die wir uns noch leisten können und die uns scheinbar diese Sicherheit und Geborgenheit vermitteln. Unser Vertrauen ist dann abhängig von dem, was sich uns im Außen zeigt.

Der Wert des Geldes ist nicht der, extremen Überfluss oder Mangel zu schaffen. Der Wert des Geldes liegt darin, das Leben zu

> *Wie viel wollen Sie anderen Menschen wert sein?*

bereichern, indem wir durch Geld einen Austausch schaffen, der für alle ein Gewinn ist: Ein Mensch bekommt eine gewünschte Leistung und der Tauschpartner Geld als Gegenwert.

Geld als solches trägt dazu bei, das zu vereinfachen, was uns Freude bereitet: nämlich anderen Menschen zu begegnen und mit ihnen im Austausch zu sein. Geld als solches ist auch ausreichend vorhanden. Die Menge des Geldes weitet sich sogar durch Inflation und Zinsen auf ungesunde Weise unaufhaltsam aus. Das Erheben von Zinsen führt dazu, dass Geld „entsteht" und in Umlauf gebracht wird, das bis zu diesem Zeitpunkt noch gar nicht existierte und für das es auch keine produktive Gegenleistung gibt. So wächst die Geldmenge kontinuierlich von ganz alleine. Doch in dem Maße, in dem die Geldmenge steigt, verliert jeder einzelne Euro an Wert. Zum anderen ist unser Geld jetzt schon so extrem verteilt, dass nur wenige Menschen in den Genuss von viel Geld kommen und immer mehr Menschen dadurch Mangel erleiden.

Insofern mangelt es uns nicht am Geld, sondern an einem gesunden und vertrauensvollen Umgang damit. Und das setzt zunächst eine gesunde und vertrauensvolle Beziehung zu uns selbst voraus.

Was uns vor allem fehlt, ist die Verbindung auf allen Ebenen: global, gesellschaftlich, wirtschaftlich, menschlich und die Verbindung zu uns selbst.

4

Der Traum vom billigen Leben

Wir Deutschen waren schon immer gerne sparsam. Jetzt geht es sogar noch leichter und noch schöner und vor allem auch noch bequemer. Wir brauchen nicht mehr zu rechnen, nicht mehr zu warten und auch nicht auf etwas hinzusparen. Wir wollen und können gleich das haben, was wir haben wollen. Wenn uns die Angebote der Billigketten ins Haus flattern, dann schlagen wir großzügig zu. Gerade so, als wäre unser Jagdinstinkt erstmals in die Pubertät gekommen. Denn an „billig“ wird trotz aller Liebe zu Geiz noch nicht gegeizt. So „sparen“ wir fröhlich weiter und kaufen Dinge, die man eventuell gebrauchen kann, ohne die man bisher aber auch ganz gut leben konnte. Jeden Kauf, den wir uns eigentlich gar nicht leisten könnten, stottern wir mit einem der reichhaltig vorhandenen Finanzierungsangebote monatlich ab.

Die großen Einkaufslandschaften sind karg, und wir haben uns daran gewöhnt: an lagerhallenartige Einkaufsmärkte, prall gefüllte Paletten mit lieblos aufgestapelten Warenkartons, schwer auffindbare Mitarbeiter und Menschen, die durch die Gänge jagen nach billigen Produkten. Zwischenmenschliche Begegnung hat da keinen Platz und keinen Wert mehr. Auch das nehmen wir „billig“ in Kauf. Einkaufen ist für uns kein Genuss mehr. Unsere sinnliche Wahrnehmung hat spürbar unter „billig“ gelitten.Blumen nehmen wir im Vorbeigehen schnell an der Kasse mit und wissen schon bald nicht mehr, welches Gefühl es ist, in einem Geschäft einzukaufen, in dem Menschen arbeiten, die dies mit Liebe tun. In einem Blumenladen die Vielfalt an Blumen (die zwangsläufig immer mehr ausdünnt) wahrzunehmen, den sinnlichen Duft zu riechen und das Einkaufen selbst zu erleben und zu genießen, das geht uns verloren. Wenn es dann diese Läden und diese Vielfalt nicht mehr gibt, wird irgendein cleverer Werbespot uns wieder in diese Situation versetzen. Sehnsüchtig werden wir bei dem Gedanken dahinschmelzen, was für ein besonderes Ereignis es war, in einem schönen Blumengeschäft einen Blumenstrauß für einen ganz besonderen Menschen auszuwählen. Es zählte nicht nur das Produkt, es war der Gedanke, das Auswählen, das Hineinversetzen in den anderen, an den man dabei liebevoll dachte ... oder einfach eine große Freude für einen selbst. Und wenn der Strauß fertig war, war er immer einzigartig!

Bewusst einzukaufen steht also nicht mehr hoch im Kurs. Dabei ist das nur ein repräsentativer Teil eines bewussten Lebensgefühls. Gleichermaßen bezieht sich „billig" nicht nur auf unsere Einkäufe. Wir leben billiger, schnelllebiger, unbewusster und machen wahllos Dinge, ohne ihnen Aufmerksamkeit zu schenken. Wir investieren unsere Zeit, um Dinge günstiger zu erlangen. Wir verzichten auf Lebensgenuss, während wir in Umgebungen einkaufen, die an menschlicher Gleichgültigkeit kaum noch zu überbieten sind.

> *„Billig" ist Ausdruck unserer Lebensgestaltung*

Wo halten Sie sich, wenn Sie ehrlich zu sich selbst sind, lieber auf: an einem Ort, an dem menschliche Begegnung stattfinden darf und es „menschelt"? Oder an einem Ort, an dem man sich zugunsten von „billig" kaum noch Menschen leisten kann?

Es „produktelt“ vielerorts, denn unseren Produkten messen wir ihren Wert bei. Der Mensch hat an Wert verloren und darf nichts mehr „kosten“. Klarheit über eigene Werte hat da keinen Platz und für Qualität ist kein Geld da. So ist „billig“ zum „Qualitätsgütesiegel“ mutiert. „Billig“ hat einen entscheidenden Vorteil: Der Preis ist das entscheidende Kriterium. Und das erleichtert die Sache ungemein. Genau genommen müssen wir gar nicht mehr entscheiden, denn das macht der Preis ja bereits. Vielleicht heißt es deshalb, dass „billig“ nun „lebt“.

Unsere Lebensqualität jedenfalls ist durch den siegreichen Einzug von „billig“ in unserem Leben nicht gestiegen. Wir kaufen nicht mehr das, was uns erfüllt oder was wir wollen, sondern das, was es gerade billig im Angebot gibt. Wir kaufen nicht nur bewusst und gezielt das, was wir gerade benötigen, sondern in rauen Mengen Dinge, die wir eventuell irgendwann einmal brauchen könnten. Dafür wird langfristig im Voraus geworben, damit wir uns noch besser auf das Angebot der Discounter einstellen können. Am Preis wird fleißig gespart: bei technischen Geräten ebenso wie bei gesunder Ernährung, bei Produkten genauso wie bei Menschen, bei anderen und bei uns selbst natürlich gleich mit. Wir sind zu sparsam und zu geizig, noch in uns zu investieren. Wer soll dann noch in Menschen investieren, in Zeiten, in denen wir selbst schon bereit sind, am eigenen Leibe zu sparen?

> *Genießen Sie wertvoll oder billig?*

Ein „Ja“ für den billigsten Anbieter ist immer auch ein „Ja“ zu dem dahinterstehenden Konzept. Und das dahinterstehende Konzept ist schnell auf einen gemeinsamen Nenner gebracht: absolute Gewinnmaximierung – ohne Rücksicht auf menschliche Verluste. Wenn wir nur Produkte aus den Billigmärkten nachfragen, tragen wir dazu bei, dass immer mehr Menschen nur gering entlohnt werden und immer mehr Menschen in Zukunft keine Arbeit mehr haben werden. „Billig“ kommt uns also teuer zu stehen. Auch wird „billig“ immer relativer und vor allem auch zunehmend und schleichend teurer, je mehr die „Konkurrenz“ schrumpft. Vertrauen in die Angebote der Discounter ist nicht uneingeschränkt angebracht und Kontrolle dringend notwendig.

Was ist also das Attraktive von „billig“? „Billig“ bringt unsere Augen zum Leuchten, denn es verspricht uns mehr von allem für weniger Geld. Dabei werden wir durch „billig“ mit fragwürdigen Prägungen beeinflusst: Sie sind „blöd“, wenn Sie den fairen Preis bezahlen, und Sie sind „geil“, wenn Sie geizig sind.

„Billig“ hat einen verdeckten hohen Preis und unüberschaubare teure Folgekosten. Ist Ihnen der Preis von „billig“ Ihr wertvolles Geld wert?

5

Billig ist teuer

Billige Preise bewirken eine Kette von Folgekosten, die uns teuer zu stehen kommen. Doch daneben gibt es ganz reale Gründe, warum sich billig auch auf direktem Wege als teurer entpuppt:

„Billig" ist häufig kurzlebig. Das heißt, man kauft ein Produkt geringerer Qualität und freut sich daran nur kurze Zeit. Eine billige Lampe ist dann beispielsweise so verschweißt, dass keine Reparatur möglich ist und selbst der Austausch einer Glühbirne scheitert. Oder man kauft Kinderstifte für nur 1,99 EUR, die dann bei der ersten Verwendung abbrechen. Spontan ist man geneigt zu denken: „Na ja, noch nicht mal 2 Euro." Nur: Abgesehen davon, dass man dann noch Stifte guter Qualität zu einem höheren Preis erwerben muss, sind diese 1,99 EUR für NICHTS nicht die teuersten 1,99 EUR?

„Billig" verleitet zu Mehrkauf. Teurer als geplant wird es auch, wenn wir aufgrund hinreißend günstiger Preise mehr einkaufen, als wir brauchen oder wollen. Viele Menschen scheinen bei „billig" regelrechten Kaufzwängen zu erliegen. Neben den Vorratskerzen, die man immer mal brauchen kann, wird dann auch beiläufig der graue Bademantel aus Fleece für nur 12,50 EUR eingepackt. Mal abgesehen davon, dass Fleece nicht einmal die Wasserreste nach dem Duschen trocknet und somit das Letzte ist, was man am Morgen braucht, sollte man sich einfach mal fragen, wie oft man sich einen neuen Bademantel kauft. Sicher selten genug. Dann könnte man sich auch genau den leisten oder zu einem besonderen Anlass schenken lassen, der einen in Form, Farbe und Qualität auch wirklich überzeugt und somit für sehr lange Zeit eine wirkliche Wohltat ist.

Wenn man sich konsequent alle unnötigen billig-bedingten Zwischenkäufe spart, hat man mit hoher Wahrscheinlichkeit nicht nur den schönsten Bademantel, sondern obendrein noch mehr Geld übrig.

Einschränkung verlangt Belohnung. Bewusst oder unbewusst belohnen sich viele Menschen für all das fleißige Sparen, das sie sich jeden Tag selbst abverlangen. So nimmt man zum Beispiel nach strapazierendem Angebote wälzen und Preise vergleichen die günstigste Reise mit einigen Abstrichen in Kauf, um spätestens vor Ort das eingesparte Geld doppelt großzügig zu verprassen – „Man ist ja eh schon soo günstig geflogen".

„Billig" kostet wertvolle Zeit. Um billige Leistungen zu erhalten, investieren wir großzügig unsere Zeit, sowohl für die Recherche, die Planung, Organisation oder ganze Extrafahrten dorthin. Zeit, die uns für ein reicheres Erleben an allen Ecken und Enden fehlt: für mehr Sport, Hobbys, Entspannung, Familie, die eigenen

> *Für „billig" zahlen wir einen hohen Preis*

Kinder, Freundschaftsbesuche, den Partner ... Für „billig" nehmen wir uns die Zeit, um rechtzeitig zur Pfortenöffnung der Discounter an Ort und Stelle zu sein oder am Wochenende zu entlegenen Marken-Outlets zu fahren. Wofür investieren Sie Ihre wertvolle Lebenszeit?

„Billig" macht nicht reich. Eine Schnäppchenjagd bedeutet nicht immer Glück und Erfüllung und auch nicht zwangsläufig mehr Geld im eigenen Portemonnaie. Es geht nun nicht darum, teuer einzukaufen, Geld mit vollen Händen auszugeben und womöglich Konsumschulden zu machen. Die Pro-Kopf-Verschuldung ist bereits in Schwindel erregende Höhe gestiegen. Allerdings nicht, weil die Werte zu teuer geworden sind, sondern weil wir uns verbilligen.

Die steigenden Konsumschulden sind in vielen Fällen eine direkte Folge unserer Billigmanie. Mit billigsten Preisen werden wir motiviert und verführt, uns Dinge zu leisten, die wir uns eigentlich nicht leisten könnten. Vielfältige Finanzierungsmodelle bieten die Möglichkeit und Gefahr, uns ein Leben auf Pump

> *Können Sie sich „billig“ wirklich leisten?*

zu leisten. Großzügig kaufen wir Küchen, Autos, Fernseher, Computer, alles was das heutige Herz begehrt und wofür wir uns zu jahrelangen Ratenzahlungen verpflichten. Wir kaufen heute Kleider und zahlen frühestens in 3 Monaten. Mit der Klarheit, dass wir uns die Dinge, die wir uns jetzt nicht leisten können, einfach nicht leisten können, würden wir sie auch gar nicht kaufen. Brauchen wir also wirklich alles, nur weil es uns scheinbar günstig angeboten wird?

Bleiben Sie wachsam beim Sparen, ob Sie unterm Strich wirklich mehr Geld haben. Und sparen Sie doch einfach mal an allem, was Sie sich trotz „billig“ wirklich sparen können.

6

Der Einzelhandel vereinzelt

Die Vielfalt und Einzigartigkeit vieler Geschäfte um die Ecke weicht einem Massenangebot am Rande der Stadt. Die Attraktivität lebendiger Städte schwindet zu Lasten weltweit agierender Ketten, die ihre Fassaden mit schrillen, Rabatt versprechenden Plakaten behängen.

Amerikaner lieben unsere europäischen Altstädte, weil es die historischen Schätze in dieser Vielfalt in ihrer Heimat nicht gibt. Stolz bauen sie ganze Ortsbilder nach und besichtigen diese „Old Towns". Wir tragen trotz dieser bestehenden Werte dazu bei, dass unsere traditionsreichen Geschäfte der Reihe nach aufgeben und anonyme Zentren entstehen.

Für unseren nationalen Tourismus hinterlassen die beliebten Ketten ebenso ihren unerwünscht billigen Beigeschmack. Denn es ist die Frage, wie viele ausländische Touristen, die zu dem Umsatz unseres Einzelhandels beitragen, noch Interesse an unseren Städten haben, wenn es hier bald so aussieht wie bei ihnen zu Hause. Für uns hat das zwar den Vorteil, dass wir uns überall schnell zu Hause fühlen, wenn sich unsere Großstädte weltweit bald gleichen wie ein Ei dem anderen, aber warum sollten wir dann überhaupt noch diese Städte besichtigen? Nur weil die uns bekannten Unternehmen auch in Asien vorzufinden sind, ist das noch keine Reise wert. Die mageren Margen in allen Bereichen der Tourismusbranche werden immer noch enger.

Kleine Veranstalter haben nicht die Marktmacht wie die großen und müssen mit ganz anderen Kosten rechnen. So geht die Rechnung bei zunehmendem Preisdruck für viele kleine Reiseveranstalter irgendwann nicht mehr auf. Konkurs ist die Folge. All das, was die kleineren Unternehmen in der Reisebranche auszeichnet, ist mit dem Konkurs des Unternehmens nichts mehr wert. Langjährige Erfahrung, umfassendes und spezielles Wissen, Beziehungen zu den Menschen vor Ort und Liebe zu den Ländern, die aus Überzeugung vermittelt werden, zählen nicht mehr. Sozial- und umweltverträgliche Tourismuskonzepte sind kaum zu realisieren in einem Markt, in dem nur noch der Preis zählt.

Vom Preisdruck sind alle Unternehmen in irgendeiner Form betroffen, und kaum eines steht selbstbewusst zu höheren Preisen, ohne Einschränkungen vorzunehmen. Im Zuge des Preisdrucks, der alle Branchen betrifft, wurde eingespart. So verfügen die meisten Unternehmen heute nicht mehr über den Personalstand wie noch vor 10 Jahren. Die Folge ist, dass Sie heute auch bei einem höheren Preis nicht mehr die Gewähr für optimale Qualität haben.

Unser Bewusstsein wacht erst wieder auf, wenn offensichtlich ist, dass am falschen Ende gespart wurde, und ein mangelhaft gewartetes Flugzeug abstürzt oder ein völlig überlasteter Fernfahrer im Graben gelandet ist. Dann sind kurzfristig alle verwundert, wie es zu solchen Katastrophen kommen konnte. Dass diese Entwicklungen auch durch unsere Nachfrage nach dem günstigsten Angebot mit hervorgerufen werden, darüber wollen wir nicht nachdenken. Menschliches Versagen ist menschlich, aber personelle Dauerengpässe, die zu überforderten und frustrierten Mitarbeitern führen, fordern unnötige Unfälle geradezu heraus.

Konkurrenz belebe das Geschäft, heißt es. Das mag zutreffen, solange man noch von wirklichen Konkurrenten spricht, die es miteinander aufnehmen können. Nur leider gilt das heute nicht mehr, wenn übermächtige Verkaufsgiganten gleich zum Exodus der immer kleiner werdenden „Konkurrenz" führen. Wie viele Wochen und Monate wohl ein kleiner Fahrradhändler sein Auskommen hätte mit dem Tagesumsatz eines der allseits bekannten Discounter, wenn es dort an einem einzigen Tag Fahrräder im Angebot gibt? Es gibt kaum noch eine Branche, für die Discountmärkte keine lebensbedrohliche Konkurrenz darstellen: Blumenhändler und Gärtnereien sind davon genauso betroffen wie Elektro-Fachgeschäfte, Lebensmittelhändler, Bekleidungsgeschäfte, Möbelhäuser ...

Diese Konkurrenz belebt nicht mehr das Geschäft, sondern beerdigt Geschäfte. Es gibt immer weniger Unternehmen auf dem Markt, die an Marktmacht gewinnen. Die marktbeherrschenden Unternehmen sprechen vermehrt ihre Preise untereinander ab, um sie ertragreich zu gestalten. Noch haben wir eine

> *Vielfalt und Einzigartigkeit schwinden zugunsten einheitlicher Massenprodukte*

Wahl, aber diese wird viel zu häufig zugunsten von „billig" getroffen und die Auswahl damit immer kleiner. Wenn wir dann, wie es sich in anderen europäischen Ländern bereits abzeichnet, nur noch zwischen zwei großen Supermarktketten wählen können, ist es fraglich, ob Sie als Kunde noch der Gewinner sind.

Vor 10 bis 15 Jahren, als die kleinen Unternehmen und Geschäfte noch gut liefen, ging es auch den meisten Angestellten noch besser und die Arbeitslosenquoten lagen bei einem verträglicheren Niveau. Die Zeiten haben sich geändert, weil wir uns geändert haben. Auf dem Lande hat bereits vor vielen Jahren eine Bereinigung der Angebotsstruktur stattgefunden. Bäcker,

Metzger, Schuh- und Modehäuser sind mangels Nachfrage aus dem Dorfbild verschwunden. Viele Geschäfte stehen leer und die Ortskerne haben an Lebendigkeit spürbar eingebüßt. Dort, wo sich früher Menschen jeder Generation begegnet sind und sich Straßencafés als Pause zwischen dem Einkaufsbummel füllten, tummeln sich an leeren Marktplätzen Jugendliche, die so verloren wirken wie das sie umgebende Ortsbild. Die Einkäufe finden in den billigeren Gewerbegebieten statt. Und das Leben?

In meiner Kindheit konnte man in meinem Heimatort noch selbst versorgend bestehen und alles einkaufen, was man zum Leben brauchte. Es gab ein großes Lebensmittelgeschäft und gegenüber einen kleinen Tante-Emma-Laden. Beide sind verschwunden und die Versorgung findet durch die in beiden Richtungen ca. 4 km entfernten Lebensmitteldiscounter statt. Für ältere Menschen bedeutet das einen erheblichen Aufwand, mit dem Bus einkaufen zu fahren oder sich in die Abhängigkeit ihrer Familie zu begeben. Um billig einkaufen zu können, tragen wir unser Geld, wenn es sein muss auch mit erheblichem Mehraufwand, zur nächstgelegenen Kette. Im eigenen Ort oder mit einem eigenen Geschäft verdient kaum noch jemand seine Brötchen.

In der Metzgerei meiner Eltern sind vier Personen in Vollzeit beschäftigt und daneben noch diverse Aushilfskräfte halbtags oder stundenweise auf 400-EUR-Basis. In vielen kleineren Geschäften schaut die Beschäftigungsbilanz nicht anders aus. Wenn man also den Pro-Kopf-Umsatz dieser kleineren Geschäfte bzw. des Einzelhandels vergleicht mit den Großketten, dann erkennt man das ganz offensichtliche Überbeschäftigungsproblem des Einzelhandels.

Der menschliche Faktor ist bei den Alternativen, die sich durch „billig" bieten, zu teuer geworden. Er wird nicht mehr bezahlt und erscheint nicht mehr bezahlbar. Meine Eltern arbeiten für ihr „Auskommen", sie können noch von ihrer Metzgerei leben. Sie haben ihre geregelte 50-Stunden-Woche, arbeiten regelmäßig auch am Wochenende, und der Urlaub ist schon lange auf 2 Wochen jährlich abgemagert, Feiertage sind begehrte Arbeitstage. Krankheiten kann man sich nicht leisten. Wenn es doch passiert, dann bleibt nach Auszahlung des Aushilfspersonals weniger in der Kasse. Den Stundenlohn errechnet man sich selbst zuliebe besser nicht.

Der Einzelhandel wird von seinen Kunden immer wörtlicher genommen, sodass mit steigender Selbstverständlichkeit die ausgezeichneten Preise einzeln verhandelt werden. Auch das ist eine unliebsame Nebenwirkung unseres selbstbewussten Billigpreisdenkens, nämlich dass wir den Bezug zu dem Wert verlieren, den wir erwerben, und auch unsere Wertschätzung für die Menschen, die uns ihre Dienstleistung anbieten.

Wir meiden unseren Einzelhandel und kleinere Unternehmen und wundern uns, wo die Vielfalt an Arbeitsplätzen geblieben ist.

Wo ist Ihre Individualität geblieben?

Bei den beliebten Großketten sind sie nicht zu finden. Wir haben uns mit ausverkauft aus den prall gefüllten Restpostenregalen. Nur noch die billigsten unter den billigen Arbeitnehmern finden hier einen Arbeitsplatz. Der Gewinn in der Kasse der Discounter steigt, während die sparende Bevölkerung von der Hoffnung zehrt, dass durch Einsparungen beim Einkauf mehr Geld im eigenen Geldbeutel bleibt.

Es drängt sich die Frage auf, wie kleine Einzelhandelsgeschäfte überhaupt noch faire Preise anbieten können. Dies liegt wohl daran, dass die Discounter durch ihren steigenden Einfluss noch horrende Margen in den Preisen einkalkuliert haben und vor allem daran, dass sich der Einzelhandel mit immer weniger zufrieden gibt. Der Gewinn fällt in vielen Geschäften bescheiden aus. „Man ist froh, wenn man überhaupt überlebt. Was soll man auch machen?" Also macht man Abstriche.

Glauben Sie, dass eines der großen und auf „billig" ausgerichteten Unternehmen Abstriche macht? Ihnen zuliebe? Sich selbst zuliebe wird es stets gewinnmaximierend ausgerichtet bleiben. Sobald eine Kassiererin nicht mehr 100 % ausgelastet ist, entsteht eine Halbtagsstelle mehr oder gleich eine Ganztagsstelle weniger. Sonst, das wissen wir alle, müssten doch die Preise steigen. Da sparen wir lieber fleißig weiter.

Die kleinen Geschäfte rechnen und rechnen und fragen sich ernsthaft, wie die großen Unternehmen das machen und wie sie selbst es endlich auch schaffen können, vergleichbar billig anzubieten. Und das trotz höherer Ladenmieten, höherer Einkaufspreise, höherer Gehälter, gut ausgebildeten Personals, akuter Überbeschäftigung und umfassenderer Dienstleistung. Was könnte man da wohl tun, um konkurrenzfähiger zu werden? Das Spiel ist verloren, bevor es begonnen hat. Der Einzelhandel geht ein.

Anstatt sich ohne jedes Fettpolster weiter in den sicheren Tod zu hungern, wäre es für den Einzelhandel nahrhafter, sich aus der Resignation heraus wieder gemeinsam auf seine Einzigartigkeit, Qualität und ein sinnliches Einkaufserlebnis zu besinnen. Schlankheitskuren machen auch nur Sinn, wenn man schlank werden will, aber nicht, wenn man schon rappeldürr ist.

Es gibt sie, die kleinen und feinen Läden, und sie tauchen immer wieder neu auf dank der Menschen, die etwas erschaffen wollen, an das sie glauben und woran sie selbst Freude haben. Menschen, die für diese Leidenschaft ein sehr hohes Risiko auf sich nehmen und die Verantwortung dafür tragen. In der Vergangenheit wurden sie allzu oft vernachlässigt und links liegen gelassen, die kleinen Geschäftchen, in denen wir immer noch alles finden, was unser Herz begehrt. Sie alle sind einzigartig und sie alle haben eines gemeinsam: Sie verdienen es, ihre – Ihre – Nachfrage zu finden.

7

Nostalgische Gedanken an sichere Arbeitsplätze

Unser Traum vom sicheren Job – er ist geplatzt. Selbst bei den großen Arbeitgebern sind die guten Zeiten vorbei, und es wird rationalisiert, wo immer es möglich ist. Nach und nach verringern sich die sozialen Leistungen und bei Kündigungen gelten auch schon nicht mehr die so genannten sozialen Kriterien als Maßstab. Es trifft nicht nur diejenigen, die mit gewohnten Gehaltssteigerungen ausgeruht auf den vorzeitigen Ruhestand warten, jetzt werden alle über einen Kamm geschoren. Der Angestellte verliert seinen Status und seinen Wert und muss zukünftig froh sein, überhaupt noch angestellt sein zu dürfen.

In Zeiten von „billig“ kann sich niemand den Preis von „teuer“ leisten. Der Markt hat es ja scheinbar bewiesen. Allerdings nur scheinbar, denn kaum ein deutsches Unternehmen hat wirklich eigene Werte vertreten und ausgebaut, sondern ist kurz entschlossen mit auf den hoffnungslosen Konkurrenzzug aufgesprungen. In der gesamten asiatischen Region liegt immer noch riesiges Potenzial, welches Unmengen an billiger Produktion mit Leichtigkeit ermöglicht. Der Versuch, mit der internationalen Konkurrenz auf dem Preisniveau mitzuhalten, wird also auch in Zukunft keine Steilfahrt bergauf für uns werden.

Wir sind zu teuer geworden. Genau genommen waren wir schon immer teuer und auch teurer als Arbeitnehmer in anderen Teilen der Welt. Aber wir waren es wert. Zumindest so lange, bis wir unseren Wert selbst verkannt und aufgegeben haben. Wir standen nicht nur für Spitzen-Produkte, sondern auch für Spitzenleistungen. Darüber hinaus verkörperten wir Unabhängigkeit, Fortschritt, Demokratie, Vereinigung, Gleichberechtigung, ein soziales und menschliches Umfeld und Freiheiten, die es in vielen anderen Ländern nicht gibt. Wir hatten den Wohlstand, den andere Länder so begehrenswert fanden, dass sie deshalb unsere Produkte und damit ein Stück Deutschland kauften.

Deutsche Produkte waren trotz „teuer“ stets sehr gefragt. So waren beispielsweise deutsche Autos nicht nur wegen ihrer Qualität, sondern auch und vor allem wegen ihres Prestiges heiß begehrt. Der hohe Preis verkörperte ein Status-Symbol und war sexy. Nicht „billig-primitiv-sexy“, sondern „edel-knackig-begehrenswert-sexy“! Sie hatten ihren eigenen Stil und eine ganz eigene Klasse!

Höchste Professionalität, Präzision, beständige Zuverlässigkeit und kontrollierte Qualität, die unsere Produkte auszeichnen, sind wertvoll und erfordern Zeit und Geld. Mit „billig“ geht das nicht, denn gerade an Zeit und Geld muss dann gespart werden.

Durch „billig“ sinkt auch der Wert für unsere Arbeitsleistung

Nur dadurch, dass wir, wie alle anderen auch, etwas billiger anbieten, werden wir noch lange nicht begehrenswerter. Im Gegenteil: Mit mittelmäßigen und vergleichbaren Produkten zu vergleichsweise immer noch hohen Preisen fallen wir berechtigterweise bei der Konkurrenz unter den Tisch. Dafür wird qualifiziertes Personal reduziert oder durch billige Praktikanten ersetzt. Die guten Leute sitzen damit auf der Straße und unterbezahlte hoch engagierte Berufsanwärter werden überfordert und in ihrem eigenen

Wertewachstum begrenzt. Von Teamgeist keine Spur, stattdessen strapazieren ständige Einarbeitungen und Erklärungen die Nerven aller Beteiligten. Durch zusätzlichen Stress und Frust entstehen Fehler, die wiederum Kosten produzieren, die keiner einkalkuliert hat. Der so schön hochgerechnete Gewinn in der erwarteten Höhe bleibt aus. Spaß und Arbeitsfreude schrumpfen zu neuen Rekordtiefs. Wie dabei die Qualität steigen oder auch nur gehalten werden soll, bleibt eine offene Frage.

Ganze Produktionen werden nur aus Kostengründen ins Ausland verlagert, und erst dort stellt man fest, dass aufgrund einer anderen Mentalität ein erheblicher Mehraufwand notwendig wird. So steigen die Kosten auch für „billig" – auch im Ausland.

Deutsche Wertarbeit. Was heißt das eigentlich noch? Angesichts „deutscher Wertarbeit!" sind wir sofort mit gewissem Stolz erfüllt. Aber was genau erfahren wir dadurch eigentlich? Ist das Wertarbeit, quasi wie jede Wertarbeit eines Menschen überall auf der Welt – nur aus Deutschland? Oder soll das heißen, dass es Wertarbeit ist, weil sie aus Deutschland kommt? Vielleicht müssen wir inzwischen auch wieder betonen, dass wir noch zu

> *Sind billige Preise es wert, dass Ihre Arbeitsleistung an Wert verliert?*

deutscher Wertarbeit fähig sind. Aus ehemaliger deutscher Wertarbeit ist im Zuge von „billig" nicht nur ein billigeres Produkt geworden, sondern sogar eine „Minderwertarbeit", in der sich auch unser vermindertes Selbstwertgefühl ausdrückt.

Vor einiger Zeit hatte unsere Arbeitsleistung noch einen fühlbar höheren Wert. Motivierte Arbeitnehmer haben diesen aktiv in die Unternehmen eingebracht, einen Mehrwert erzeugt und wurden dafür entlohnt. Wir haben gut gelebt, Geld gerne ausgegeben und in Nachfrage umgesetzt. Jetzt wird überall gespart und menschliche Leistung rationalisiert, bis nur noch stupide Arbeiten übrig bleiben. Viele dieser Arbeiten werden ersatzweise von Maschinen oder günstigeren Arbeitern aus so genannten Billiglohnländern verrichtet. Wobei ein Billiglohnland den entscheidenden Vorteil hat, dass nicht nur die Löhne „billig" sind, sondern auch die dazugehörigen Lebenshaltungskosten.

Unternehmen in einer wirtschaftlich schlechten Situation leisten sich keine Arbeitnehmer mehr, die nur Arbeit nehmend oder abarbeitend denken. Mitarbeiter, die mitdenken und ihren Preis wert sind, weil sie dem Unternehmen zu einem echten Mehrwert verhelfen, rechnen sich dagegen immer.

8

Billig macht uns billig

Es geht nicht um die Frage, ob nun teuer besser ist als billig. Es geht darum, dass uns Trends, denen wir in Massen folgen, gefährlich werden. Indem wir massenweise Produkte weniger Großkonzerne kaufen, geben wir ihnen zunehmend Macht, und zwar in Form von mehr Geld und auch größerem Einfluss. So können sie ihre eigenen Preise allein aufgrund der großen Menge an Produkten, die sie vertreiben, weiter drücken. Ein kleiner lokaler Anbieter kann da nicht mehr mithalten. Das Geld wächst auf der einen Seite in dem Maße, in dem es durch die breite Masse an Menschen mit großer Bereitwilligkeit dorthin „gespart" wird, wo es ohnehin schon in Mengen vorhanden ist. In der eigenen Region fehlt es dann im täglichen Umlauf.

Das Eigenverantwortungsgefühl von uns Käufern leidet bis hin zum Totalverlust, je mehr wir mit dem konform gehen, wie sich die gesellschaftliche Masse verhält. Denn man tut ja nur das, was alle tun. Den wenigsten Menschen ist dann noch ihr eigener Anteil bewusst, den sie zu der Entwicklung beitragen. Leicht resigniert gibt man sich dem eigenen Ohnmachtsgefühl hin in der Hoffung auf bessere Zeiten, bessere Politik(er), eine bessere Wirtschaft ...

Rein theoretisch ginge es noch billiger. Wir könnten nur noch die billigsten Arbeitskräfte aus dem Ausland zu uns holen und diese zu Minimallöhnen die Ware über die Tresen der Discounter ziehen lassen. Dann könnten wir uns auch an Laufhosen für nur 3 EUR erfreuen, generell noch billiger einkaufen, um unseren Lebensstandard scheinbar dadurch besser halten zu können ...

In der Folge zahlen wir einen weit überteuerten Preis für die billigen Produkte. Dieser zeigt sich in zusätzlichen Umweltbelastungen und Unmengen von unnötigem Müll, stetig steigender Arbeitslosigkeit, schlecht bezahlten und monotonen Arbeitsplätzen und allen daraus resultierenden Folgen wie steigende Kriminalität, Alkohol- und Drogenkonsum, zunehmende Kinderarmut, Vereinsamung und Entfremdung, psychosomatische Krankheiten, steigende Berufsunfähigkeitsraten, mangelnde Perspektiven und berufliche Aussichten und Zunahme von Empfängern sozialer Leistungen und hilfebedürftiger Personen. Wir schränken uns ein, scheinbar nur finanziell, doch die Einschränkungen beherrschen schon längst unser gesamtes Denken und Handeln. Alle unsere Lebensbereiche sind davon betroffen und ziehen fleißig weitere Einschränkungen, Einsparungen und Beschneidungen nach sich, ganz gleich, ob es um Aus-, Fort- und Weiterbildung geht, Gesundheit, Familie, Forschung ...
Billige Preise bewirken nicht nur die gewünschten billigen Produkte, sondern auch die Verbilligung unserer Arbeitsleistung.

> *Wenn wir nicht mehr zu unserem Wert stehen, dann haben wir schon an Selbstwertgefühl verloren*

Bei gleicher Produktion sinkt auch unser Bruttoinlandsprodukt in dem Maß, in dem der am Markt erzielbare Preis für unsere Produktion sinkt. Der Gesamtwert, den wir als Land produzieren, sinkt damit ebenfalls. So bleibt es unmöglich, dass unser Wert steigt, solange wir nur mit fallenden Preisen rechnen. Unser Verstand ist auf Einsparungen trainiert und fokussiert und hat kaum noch einen Gedanken frei, um in Alternativen zu denken, die unweigerlich zu mehr führen würden. Stattdessen geizen wir über jedes Maß an gesundem Sparverhalten hinaus selbstbewusst weiter. Obwohl selbst auferlegter Geiz bisher auch noch nie ein erstrebenswertes Ziel für uns war, hat Geiz an Wert sichtlich gewonnen. Unserem Gefühl wird es beim Anblick von Geiz nie wirklich gut gehen, ganz gleich, wie sehr unser Verstand inzwischen schon glaubt, dass Geiz geil ist, nur weil es uns aus Werbezwecken zugerufen oder suggeriert wird.

Was sehen Sie bildlich vor sich, wenn Sie sich einen geizigen Menschen vorstellen? Einen Menschen, der sich zufrieden mit sich und der Welt mit Leichtigkeit und Lebensfreude bewegt? Oder einen Menschen, der sich verkrampft, dessen Gesichtszüge sich in Falten legen und der in seinen Bewegungen schwer und langsam wirkt?

Wie wollen Sie lieber gesehen werden? Vielleicht nehmen wir die Diskrepanz, die dies in uns auslöst, nicht wahr. Wir spüren intuitiv angesichts vorhandenen Geizes die Enge, Verkrampfung, Angst, Scham, den Minderwert und das damit verbundene

Wie steht es um Ihren Wert?

Kleinsein. Doch nun setzt unser durch Dauerwerbung erfolgreich trainierter Verstand ein und versucht uns davon zu überzeugen, dass das auch noch toll sei.

Geiz beruht auf Angst. Er bezieht seine Motivation, geizig zu sein, aus der tiefen Angst, nicht ausreichend zu besitzen. Je größer die existenziellen Ängste sind, desto ausgeprägter wirkt sich bei den Menschen der Geiz aus. Und der Geiz selbst bedient unsere

Ängste weiter. Umso stärker, je mehr wir uns bestätigt finden, dass es immer noch nicht reicht. Das ist eine Dynamik, die sich besonders verheerend für Menschen auswirkt, die bereits aus einer bestehenden Not heraus glauben, geizen zu müssen.

Geiz ist der gelebte Ausdruck der eigenen mangelnden Anerkennung und Wertschätzung. Ein Satz wie: „Das kann ich mir nicht leisten", heißt eigentlich nur: „Das bin ich nicht wert." Wir sehen es nicht gern, wenn jemand an sich spart. Auch wollen wir nicht an uns sparen und schon gar nicht, dass an uns gespart wird. Oder glauben Sie, Ihre Freude verdoppelt sich, wenn Ihr Partner Sie fragt, ob Sie ihn heiraten wollen, und überreicht Ihnen einen Ring, den er – „Keine Sorge mein Schatz" – ganz billig im Internet erhaschen konnte? Auch wenn es nicht gleich ums Heiraten geht: Wir fühlen uns nicht mehr geliebt oder geschätzt, nur weil es billiger wird oder weil wir billiger werden ...

Durch Einsparungen versprechen wir uns mehr Geld. Mehr Geld, von dem wir uns mehr Erfüllung und Glück erhoffen. Erfüllung und Glück, welche wir selbst auf dem Weg zu mehr Geld freiwillig und großzügig zu opfern bereit sind. Wir sind uns, unserem Geiz und unserer Gier zum Opfer gefallen. „Billig" bringt am Ende nicht das versprochene und erhoffte Mehr. Nur wir selbst verbilligen uns.

Wertorientiertes Handeln scheint sich nicht zu lohnen, weil es komplex ist, sich langfristig orientiert und gerade die kurzfristigen Gewinne, die „billig" verspricht, nicht realisieren kann. Doch so langsam zeichnet es sich ab: Das, was „billig" verspricht, wird so nicht erfüllt. „Billig" ist eine Verführung, die mit günstigen Preisen lockt und viel verspricht. „Billig" sorgt für schnellen Genuss, sofortigen Mehrwert und spontane Befriedigung. Das klingt wie die Verlockung einer Affäre. Und tatsächlich gehen wir fremd, nämlich unseren eigenen Werten, und zwar all den Werten, die über den bloßen Preis hinausgehen. Aber wer weiß heutzutage schon, ob sich Treue noch auszahlt?

Das Leben ist zu lang, um ausschließlich kurzfristigen Verheißungen zu folgen. Und das Leben ist zu kurz, um es nicht spätestens ab jetzt in vollen Zügen anzunehmen und ganz bewusst zu genießen.

9

Preiskriege und Kampfpreise

Worte wie „Preiskriege“ und „Kampfpreise“ sind uns auf der Suche nach günstigen Preisen vertraut. Sie erfüllen uns nicht mit Entsetzen, sondern geben uns Hoffnung auf ein leichteres Leben. Gesundes nachhaltiges Wachstum, welches uns allen mehr Reichtum und Freude beschert, wird dabei nie aus Kämpfen oder gar Kriegen hervorgehen. Dennoch werden wir als Menschen nie gefeit sein, diesem Gedanken immer wieder zu verfallen. Die aktuellen Preiskriege sind ein Beleg dafür.

Anstatt aus gesundem Vertrauen selbstbewusst unser eigenes Wachstum zu entfalten, bekriegen wir uns gegenseitig, fürchten als Unternehmer die Konkurrenz und konzentrieren uns darauf, uns gegenseitig klein zu halten. Der Gedanke an Wachstum leitet uns schon lange nicht mehr, denn es geht scheinbar nur noch um das eigene Überleben.

Käufer unterstützen Preiskriege, in denen mit Kampfpreisen in die Schlacht gezogen wird. Wir haben uns im „Kampf David gegen Goliath“ auf die Seite des Stärkeren geschlagen. Wir wälzen die Angebotsblättchen der Großanbieter so lange, bis wir dem billigsten Anbieter unseren Zuschlag geben. Wir schlagen uns auf die Seite der Starken und stärken sie tatkräftig aus der eigenen Überzeugung, dass es sonst für uns selbst nicht reichen könnte. Von Ängsten getrieben, kaufen wir billige Ware und meiden den Händler unseres bisherigen Vertrauens. Wir handeln längst gegen das, was uns unsere eigene Ethik und auch unser gesunder Menschenverstand abverlangen würden, doch unsere Angst hat die Oberhand gewonnen.

Preiskriege sind Kriege, in denen jeder Einzelne von uns verliert

Die Worte von „Krieg" und „Kampf" bei Preisen prallen an uns ab. Es geht nur um Preise und nicht um wahren „Krieg" oder „Kampf". Nun, ich könnte Preiskriegsberichterstatter sein. Ich könnte die genauen Zahlen liefern, wie viele Existenzen bereits in diesem Preiskrieg gefallen sind, wie viele Menschen verzweifelt kämpfen oder schon finanziell verbluten, wie viele Beziehungen, Partnerschaften und Ehen zerbrochen sind und wie viele Kinder damit die Geborgenheit ihrer Familie und ihr Zuhause verloren haben ... Aber was würde das bewirken? Zum Beispiel in Ihnen? Würden Sie Ihre Augen dafür öffnen? Würde es Ihre Gedanken bewegen und Ihr Handeln verändern?

Wenn ich meine Großeltern fragte, wie es jemals zu einem Krieg kommen konnte, dann sagten sie: „Wir waren jung und wir waren dumm. Wir wollten daran glauben, dass es die schnelle Lösung aus der Krise sein würde, und wir wollten die Wahrheit nicht wahrhaben." In der Vergangenheit waren es tatsächlich immer wieder Kriege, die zu der notwendigen Geldvernichtung und Entwertung geführt haben und die Grundlage für ein neues Geldsystem entstehen ließen. Es bleibt zu hoffen, dass es nicht noch einmal so sein wird.

Unser Geldsystem ist heute das, was wir daraus gemacht haben. Es ist nicht absehbar, wohin es noch führt. Aber es ist äußerst wahrscheinlich, dass es auf der bestehenden Grundlage nicht endlos weiterfunktionieren wird. Für unsere Probleme gibt es keine schnelle und bequeme Übernachtlösung, und es ist auch gut, dass es niemanden gibt, der uns das vorgaukelt. Denn dadurch haben wir die Gelegenheit, uns den Herausforderungen zu stellen und in der bestehenden Krise zu wachsen – jeder für sich und wir als Gemeinschaft.

Unsere menschlichen Werte und Ideale haben jetzt die Chance, eine Renaissance zu erleben. Denn wie uns die Geschichte lehrt, haben wir in extremen Notsituationen doch immer zusammengehalten, uns gegenseitig unterstützt und gemeinsam die Scherben aufgesammelt. Dann haben wir selbst aus „nichts" etwas gemacht.

Wir sind die Käufer und wir bestimmen durch unsere Nachfrage das Angebot. Indem wir Geld bewusst durch möglichst viele Hände wandern lassen, werden auch viele Menschen davon profitieren. Und wenn wir Geld in unsere Wünsche und Werte investieren, dann wird es morgen anders investiert und breiter gestreut sein, als es heute noch der Fall ist.

Wir haben also immer eine Wahl. Wenn wir heute eine neue Wahl treffen, dann heißt das nicht, dass wir uns in der Vergangenheit falsch entschieden haben, sondern dass wir auch in der

> *Welche Wahl treffen Sie mit Ihrem Geld:*
> *stärken Sie mächtige Konzerne*
> *oder die Vielzahl an kleinen Unternehmen?*

Vergangenheit die Entscheidungen getroffen haben, von denen wir in dem Moment überzeugt waren. Da wir aber ständig wachsen und uns unaufhaltsam weiterentwickeln und heute andere Entscheidungsgrundlagen gegeben sind, lohnt es sich, seine

Wahl und seine Handlungen den aktuellen Bedingungen und Möglichkeiten anzupassen – noch einmal ganz neu zu denken.

Wir können Geld in Kriege investieren, oder in die Werte, die uns wirklich wichtig sind. Und wir können gesunde Beziehungen leben und erleben und uns beweisen, dass Gemeinschaften funktionieren – nicht erst dann, wenn sie es müssen.

10

Ihr Preis ist heiß

Solange Sie selbst in der Kategorie „möglichst billig" denken und leben, wird es immer schwierig sein, für sich selbst und die eigenen Leistungen einen hohen Preis zu erzielen. Indem Sie an anderen sparen, gehen Sie davon aus, dass auch an Ihnen gespart wird. Unbewusst schließen wir von uns auf andere und sind uns selbst der beste Beweis dafür, dass kaum noch jemand bereit ist, für menschliche Leistung Geld zu investieren und sich daran zu erfreuen.

Als ausgeprägter Sparfuchs leben Sie damit in Ihrer Angst, bewusst oder unbewusst, dass alle anderen ebenfalls eines wollen: sparen, auch an Ihnen und Ihrer Leistung. Allein Ihre Angst davor, dass Ihr Arbeitgeber oder Ihr Kunde finanzielle Vergünstigungen von Ihnen erwartet, wird dann genau dazu führen. Auf Preisverhandlungen lassen Sie sich schnell ein oder sind innerlich darauf vorbereitet und versuchen, durch den Preis attraktiver zu werden. Sobald Sie jedoch über den Preis verhandeln, haben Sie schon verloren, denn dann haben Sie Ihr Gegenüber noch nicht 100%ig von sich und Ihrer Leistung überzeugt und begeistert. Der Preis kann daran nichts ändern.

Überzeugt und begeistert sind andere von Ihnen und Ihrer Leistung vor allem dann, wenn Sie Ihren Wert klar vermitteln. Und das hat am wenigsten mit dem Preis zu tun, sondern ausschließlich mit Ihnen: mit Ihrem Denken, mit Ihrer gesamten

Ausstrahlung, Haltung und dem, was Sie durch Ihr Auftreten vermitteln. Mit wem würden Sie bei gleicher Qualifikation lieber zusammenarbeiten und Geschäfte machen wollen: mit einem Menschen, der aufrichtig freundlich und zuvorkommend ist, der Freude vermittelt und mit seinem Lachen ansteckt, der seine Arbeit liebt und mit Leichtigkeit vollen Einsatz zeigt? Oder mit einem Miesepeter, der schlecht gelaunt ist, ständig jammert und klagt und verängstigt um seinen Arbeitsplatz oder die Auftragslage bangt?

Das, was Sie sind, leben und ausstrahlen, entscheidet über den Erfolg, den Sie in Ihrem Leben realisieren. Sie können nur das erfolgreich am Markt verkaufen, wovon Sie selbst überzeugt sind. Das ist auch das, was erfolgreiche Menschen auszeichnet: die Selbstsicherheit und das Selbstwertgefühl, womit sie ihre Arbeitsleistung verkaufen.

Wie steht es mit Ihrem Selbstbewusstsein? Wie selbstsicher verkaufen Sie Ihre Arbeitsleistung? Wenn Sie sich rundum wohl

> *Ihr Preisempfinden*
> *spiegelt Ihr Selbstwertempfinden*

fühlen und sich selbst gefallen, dann strahlen Sie Souveränität aus. Das hat auch auf Ihre Umgebung eine positive Wirkung. Bestimmt legen auch Sie zu Anlässen, die für Sie eine besondere Bedeutung haben, mehr Wert auf sich und Ihr Äußeres, sodass Sie sich auch ganz „besonders" fühlen. Stellen Sie sich dagegen vor, dass Sie mit billiger Kleidung und Ausstattung bei einem wichtigen Termin Ihre Leistung als besonders wertvoll und teuer verkaufen wollen. Wie fühlen Sie sich, während Sie billig ausgestattet Ihr Gegenüber davon zu überzeugen versuchen, dass Ihre Leistung einen hohen Wert hat und einen hohen Preis verdient?

In jedem Falle würde es Ihnen sicher leichter fallen und es Ihr Gegenüber Ihnen auch leichter abkaufen, wenn Sie selbst bereits Ihr Wertempfinden stimmig lebten und angemessen auftreten. Erst dann können Sie sich vollständig auf das Gespräch und Ihr Gegenüber konzentrieren, ohne sich innerlich unablässig selbst davon überzeugen zu müssen, dass der von Ihnen verlangte hohe Preis auch die verdiente Anerkennung findet.

Geld zeigt unsere Anerkennung und Wertschätzung. Preise „herunterzuhandeln" ist Ausdruck unserer mangelnden Wertschätzung. Als Preisfeilscher zeigen Sie sich nicht von Ihrer liebenswerten großzügigen Seite, sondern kleinlich und knickrig. Den Preis für eine Sache gerne zu zahlen ist dagegen Ausdruck Ihrer Anerkennung: des Preises, des Wertes und des Menschen, der seine Zeit mit diesem Wert verbringt und einen für ihn angemessenen Preis dafür im Gegenzug verlangt.

Sie können immer nur so viel Anerkennung geben, wie Sie selbst zu empfinden in der Lage sind. Die Anerkennung, die Sie anderen zeigen, ist immer Ausdruck Ihrer eigenen Anerkennung, Akzeptanz und Achtung sich selbst gegenüber. Geld zeigt das Maß an Anerkennung, das Sie sich selbst zugestehen, und ist Ausdruck Ihres eigenen Selbstwertempfindens. Ihr Wertgefühl steigt nicht, wenn Sie „billig" und damit gering schätzend denken und sich auf Einsparungen und Einschränkungen konzentrieren. Es steigt erst, wenn Sie Ihren Wert erkennen, fühlen und zeigen und auch dadurch, dass Sie sich nicht mehr in sich selbst beschränken, sondern sich ausdehnen und ihr einzigartiges Potenzial entfalten. Dann steigt die Menge an Geld in Ihrem Leben in dem Maße, in dem Ihr fühlbarer Selbstwert steigt.

Ein weiterer Effekt des Preisdenkens ist, dass Sie sich dann immer mehr an Preisen und Kosten orientieren. In Bezug auf Ihr Einkommen werden Sie dann geringere Einnahmen schneller akzeptieren, wenn Sie schon innerlich darauf eingestellt sind, dass Ihnen auch ein geringeres Einkommen ausreicht. Viele Menschen setzen sich erst gar nicht mehr mit dem einzigartigen Wert auseinander, den die Summe aller Kenntnisse, Fähigkeiten, Erfahrungen, persönlicher Qualitäten und Talente für sie selbst hat. Sie konzentrieren sich darauf, ein höheres Gehalt zu erzielen, als sie zur Deckung ihrer Kosten brauchen. Ihren Wert kennen Sie selbst nicht und können ihn auch nicht souverän und überzeugend verkaufen. Nur, wie sollte Ihr Arbeitgeber dann Ihren wahren Wert kennen?

Behalten Sie immer Ihren gesamten Geldfluss im Auge, sowohl die Kosten als auch die Einnahmen. Seien Sie wachsam mit Ihrer inneren Einstellung und unbewussten Erwartung: Sind Sie doch noch auf Einschränkungen konzentriert? Oder erwarten Sie stabiles Wachstum und einen regen Geldfluss?

Jede Sekunde, in der Sie sich weiteren Einsparmöglichkeiten widmen, können Sie nicht darüber nachdenken, wie Sie konkret zusätzlichen Mehrwert und Gewinn schaffen können. Dabei verhelfen unendlich viele Ideen zu mehr Wert und Lebensgenuss. Was würde Ihnen Ihre Arbeit erleichtern? Wie geht das leichter, was bisher scheinbar nur schwer möglich ist? Was bräuchten Sie konkret, um mehr Freude bei Ihrer Arbeit zu empfinden? Wie können Sie sich selbst mehr Freude bereiten? Oft sind es kleinste Veränderungen, die Großes bewirken: ein paar Minuten in Ruhe mit sich selbst, eine feste kleine Auszeit in der Woche, eine klare Regelung mit Kollegen im Arbeitsumfeld, ein konkret in den Terminkalender eingeplantes Hobby, eine schöne Perspektive für das Wochenende.

Ein größerer Mehrwert erfordert natürlich eine große Veränderung. Er erfordert unsere innere Größe, groß zu denken. Was fällt Ihnen ein, wenn Sie einmal alle Ängste und Beschränkungen loslassen: Wie kommen Sie zu neuen Kunden? Wie argumentieren Sie für eine Gehaltserhöhung? Wie kommen Sie zu Ihrem Traumjob? Menschen, die authentisch sind und vor Lebendigkeit und Tatendrang sprühen, sind für jeden Gewinn bringend. Und Menschen, die mitdenken, kreativ sind, Lösungen liefern und einen echten Mehrwert schaffen, sind immer noch begehrt und rar.

Sie haben immer die ideale Ausgangsbasis in Ihrem Leben. Sie haben den Beruf, den Sie haben, weil Sie das so entschieden haben. Sie können sich darin weiterentwickeln oder auch neu orientieren. Sie können auch nichts falsch machen, denn all Ihre Erfahrungen waren wichtig und wertvoll, denn sie haben Sie zu dem Menschen gemacht, der Sie sind. Das ist der größte Erfolgsfaktor, den Sie haben. Wenn Sie das zur Entfaltung bringen, was in Ihnen liegt, sind Sie bereits erfolgreich. Und Sie können damit auch finanziell erfolgreich sein, unabhängig davon, wie Ihr Leben

Wie viel sind Sie sich wert?

bisher verlaufen ist. Es liegt vor Ihnen. Hadernde Zweifel wie „Schaffe ich das oder schaffe ich das doch nicht?“ bringen Sie keinen Schritt vorwärts. „Wie schaffe ich es?“ lautet die Leitfrage, die Sie auf Ihrem Weg begleitet und Sie Ihrem Ziel näher bringt.

Fangen Sie auch in Ihrem Angestelltenverhältnis an, selbständig zu denken. Überlegen Sie sich, welchen Wert Sie für Ihr Unternehmen liefern. Welchen Wert schaffen Sie? Sie selbst sind die größte Sicherheit, die Sie für die Erhaltung Ihres Arbeitsplatzes haben. Egal wo Sie stehen, Sie haben immer die Möglichkeit, mehr daraus zu machen, anstatt weniger in Kauf zu nehmen.

Verplempern Sie nicht Ihre wertvolle Zeit auf der Suche nach Schnäppchen, die Sie nur billiger machen. Investieren Sie wieder in Ihren Wert. Die Summe Ihrer unendlich vielen Fähigkeiten,

Ihre Lebenserfahrung, all Ihre Kenntnisse, Talente und echte Leidenschaften machen Ihre ganz einzigartige Qualität aus.

Wenn Sie selbst Werte schätzen und anderen den ihnen gebührenden Wert gerne honorieren, dann wird es für Sie ebenso das Selbstverständlichste sein, Ihre Qualität und Leistung als das zu verkaufen, was sie ist: wertvoll! Und wertvolle Dinge haben ihren Preis. Das Schöne daran ist: Das weiß jeder!

11

Der Wert des Preises

Welchen Wert hat eigentlich der Preis? Während Preise bis vor wenigen Jahren keine übergeordnete Rolle spielten, haben sie sichtlich an Wert gewonnen. Stolz werden Preise dick und leuchtend hervorgehoben, sodass sie ins Auge fallen, noch bevor man überhaupt weiß, worum es geht. Die Werte hinter den Preisen rücken in den Hintergrund, während es immer mehr darum geht, den Preis anzupreisen.

Der Preis als solcher wird am Markt durch Angebot und Nachfrage bestimmt. Eine steigende Nachfrage nach einem Produkt bewirkt, dass höhere Preise verlangt und bezahlt werden. Ist die Nachfrage dagegen gering, lassen sich nur geringere Preise mit der Ware oder Leistung erzielen. Das exakt gleiche Haus würde in München mehr als das Doppelte kosten als in einem kleinen Dorf. Der Wert des Hauses, nämlich, dass man darin wohnen kann, wäre in beiden Fällen exakt der gleiche. Die höhere Nachfrage in München führt allerdings dazu, dass dort ein höherer Preis realisiert wird. Der Preis ist damit nicht der Wert. Er ist lediglich der symbolische Ausdruck dafür. Er zeigt, welchen Wert wir einer Sache oder Leistung beimessen.

Es gibt auch nicht den einzig richtigen Preis für einen Wert. Preise variieren mit der Veränderung von Angebot und Nachfrage. Und diese wiederum unterliegen einem ständigen Wandel und werden beeinflusst von vielen Faktoren, wie unserem aktuellen Nutzen, der Mode, unserer Einstellung, dem Zeitgeist, der Entwicklung, dem Fortschritt, Innovationen usw. Damit sind wir auf der Jagd nach dem günstigsten Preis immer der Unsicherheit ausgesetzt, ob wir nicht doch zu viel gezahlt haben. Der von Ihnen bezahlte Preis kann, wenn die Nachfrage nach dem Produkt sinkt oder durch Innovation bessere Produkte auf den Markt kommen, höher sein, als es an einem anderen Ort oder zu einer anderen Zeit der Fall wäre. Doch ist es lohnenswert, für etwas, das Ihnen wirklich wichtig ist, auf niedrigere Preise zu warten?

Wir können uns nicht am Preis orientieren, da sich der Preis am Markt orientiert. Wir sind dann orientierungslos und verunsichert. Wir können nicht wissen, ob wir den richtigen Preis gezahlt haben, denn den gibt es nicht. Wir vergleichen auch nach dem Kauf noch die Preise, um Bestätigung zu erfahren, ob der Preis angemessen war, und ärgern uns, wenn wir scheinbar zu viel bezahlt haben. Was wir uns bei all dem in jedem Fall sparen, ist die Freude und der Genuss an unserer Errungenschaft und die Sicherheit, dass es uns das Geld wert war.

Der Preis kann keine kaufentscheidende Rolle spielen. Sie zahlen immer nur den Preis und damit die Menge an Geld, die Ihnen eine Investition wert ist. Insofern ist Ihre Wahl nie eine Frage

> *Niedrige Preise stehen für einen geringen Wert*

des Preises, sondern immer eine Frage Ihrer Wertschätzung. Wenn der Preis für einen Wert sinkt, dann deshalb, weil unsere Wertschätzung für diesen Wert gesunken ist. Das bedeutet, dass all unsere Werte in Form von Produkten und Leistungen, deren Preise nun billiger sind, für uns an Wert verloren haben. Spätestens jetzt sollten wir mit unserer Freude über günstige Preise innehalten. Die Preis-Wert-Frage gilt für jeden von uns, sowohl für Sie als Angestellter wie auch als Selbständiger, als Unternehmer, als Verkäufer und auch als Käufer. Solange der Preis wirklich entscheidend ist, fehlt die Überzeugung für den damit verbundenen Wert. Wenn Ihr Arbeitgeber an Ihnen sparen will, dann nicht deshalb, weil Sie per se zu teuer sind, sondern weil er Ihren Wert noch nicht klar genug erkennt.

Auch all die Produkte, die Sie kaufen, nur weil sie billig sind, kaufen Sie offensichtlich nicht aus 100%iger Überzeugung. Denn spätestens, wenn dieses billige Produkt teurer wäre, würden Sie es ja nicht mehr kaufen. Sie würden dann erst feststellen, dass es für Sie gar nicht diesen Wert hat. Vielleicht brauchen Sie dieses Produkt gar nicht dringend, vielleicht auch überhaupt nicht, und kaufen es, weil Sie es eventuell einmal brauchen könnten ... Wie überzeugt sind Sie dann von all den Produkten, die Sie nicht aus Begeisterung erwerben, sondern nur wegen des geringen Preises?

Versetzen Sie sich einmal in die Situation, dass Sie sich ein begehrtes Produkt kaufen wollen, und verhandeln nun den Preis. Dafür suchen Sie akribisch Mängelchen, reden das Produkt künstlich schlecht und diskutieren den Wert so lange erfolgreich weg, bis Ihnen der Verkäufer ein paar Prozent nachlässt. Wahrscheinlich sind Sie zu Recht stolz auf Ihre Leistung, aber hat das begehrte Produkt für Sie nun fühlbar mehr Wert?

In meiner Kindheit war die Anschaffung eines neuen Sofas eine sehr gut überlegte Investition. Heute sind die billigen Angebote so verlockend, dass man nicht mehr über Langfristigkeit nachdenkt. Wenn es nicht mehr gefällt, kauft man sich günstig einfach ein neues Sofa. Nach 20 Jahren hat man dann für viel Geld das vierte billige Sofa ausgegeben, welches auf dem Sperrmüll zu entsorgen ist. Dagegen hätte ein zeitloses klassisches Markenstück, das man sich mit etwas mehr Geduld und Wertbewusstsein hätte kaufen können, über all die Jahre noch an Wert gewonnen. Unsere Konsumgesellschaft zeichnet sich dadurch aus, dass sie möglichst viel konsumieren möchte und dies möglichst billig. Das macht den Konsum und unsere Art zu leben schnelllebig und billig. Wir investieren in geringwertige Dinge, die ihren Wert in kürzester Zeit verlieren, anstatt Werte zu schaffen und in Werte zu investieren, die an Wert gewinnen.

> *Wie wertvoll sind*
> *für Sie niedrige Preise?*

Würden Sie Ihren besten Freunden Wein vom Discounter mit bringen? Wenn nein, dann weil es doch irgendwie peinlich ist, wenn der andere weiß, dass er Ihnen nicht mehr als gerade mal 2,49 EUR wert ist. Und sei die Qualität noch so gut, rote Rosen können Sie dafür sicher nicht bei einem Besuch erwarten. Verschenken würden wir den billigen Wein also nicht so gerne. Es ist nur die Frage, warum uns selbst der Geschmack von „billig" gut genug ist.

In unserem Leben ist nichts umsonst. Wir leben am Leben vorbei, wenn wir es umsonst oder nur billig leben wollen. Denn dafür ist unser Leben viel zu wertvoll.

12

Der Preis des Wertes

Jede Geldinvestition ist eine Wertinvestition. Wenn Sie mit Geld bezahlen, dann erhalten Sie im Austausch einen Wert. Die Menge an Geld, die wir für diesen Wert zu zahlen bereit sind, zeigt sich im Preis. Der Wert hat also seinen Preis. Wenn Werte einen hohen Wert für uns haben, dürften sie zu Recht auch höhere Preise verdienen. Der Preis, den wir zu zahlen bereit sind, ist das Resultat unseres Wertempfindens.

Somit unterliegen Werte unserer subjektiven Bewertung. Für Sie wäre vielleicht ein Lesestuhl für 2.000 EUR eine Investition fürs Leben. Ein Millionär dagegen würde ihn sich nicht einmal anschauen – zu billig. Oder er würde ihm keinen besonderen Stellenwert beimessen, während Sie ihren bewusst oft und stets voller Stolz genießen. Der subjektive Wert ergibt sich also immer auch aus dem Stellenwert, den Sie selbst dieser Sache beimessen. Ein selbst gebasteltes Geschenk Ihres Kindes mag für Sie einen so hohen ideellen Wert darstellen, dass Sie es nur für einen sehr hohen Preis verkaufen würden. Für jeden anderen ist es dagegen wertlos und würde somit nur einen entsprechend geringen Preis realisieren. Raritäten steigen im Preis, sodass selbst billigste Plastikfiguren aus Kinderüberraschungseiern von vor 30 Jahren inzwischen enormen Sammlerwert genießen. Der reine Materialwert beträgt ein paar Cent. Wertgegenstände, die für uns einen hohen Wert repräsentieren, haben ein paar Breitengrade weiter eventuell kaum noch eine Bedeutung. Ein Designer- oder Antikmöbelstück, für das man bei uns einen hohen Preis erzielen könnte, würde in vielen Regionen der Welt als wertlos erachtet. Im besten Falle würde es den eigentlichen Nutzen des Möbelstücks erfüllen – Design oder Antiquität hin oder her. Solange man Hunger leidet, würde man wahrscheinlich einer Kiste Bananen mehr Wert beimessen.

Vor einiger Zeit habe ich im Internet einen Edelsteinring ersteigert, der mich begeisterte. Der angebliche Wert war mit über 200 EUR angegeben, den Zuschlag bekam ich für 8 EUR. Mehr ist er mir nun auch nicht wert; wenn ich ihn verlieren würde, wäre es kein großer Verlust. Auch dadurch, dass er für seinen letzten Besitzer keinen Wert mehr hat, wird er für mich nicht wertvoller. Es ist ohnehin die Frage, warum jemand einen solchen Ring für so wenig Geld versteigert, ohne wenigstens einen Mindestpreis zu verlangen. Vielleicht wurde der Ring jemandem gestohlen, für den er eine ganz besondere Bedeutung hatte? Der Gedanke, möglicherweise gestohlene Ware zu tragen, hat bisher bei mir verhindert, den Ring zu tragen. Insofern hat er für mich gar keinen Wert. Er war zwar billig, aber ich hätte ihn mir auch ganz sparen können. Ich warte wieder gerne, bis ich mir ein wirklich bereicherndes Einkaufserlebnis leisten kann.

Bestimmt haben auch Sie schon einmal auf etwas ganz Besonderes hingespart. Dann erinnern Sie sich sicher an das Gefühl, das Sie hatten, als Sie es „sich leisten konnten“. Es war für Ihre Verhältnisse nicht billig und es war deshalb etwas ganz besonders Wertvolles. Die erste Hi-Fi-Anlage oder das erste Auto, ein ganz besonderes Bild, ein schöner Ring ... – all die Dinge, die Sie sich lange und nach reifer Überlegung ausgewählt haben, haben alleine dadurch einen höheren Stellenwert in Ihrem Leben. Sehr wahrscheinlich einen wesentlich höheren Wert als all die

Dinge, die sie gekauft haben, weil sie gerade im Angebot waren.

Wie gestalten Sie Ihr Leben? Kaufen Sie bewusst und gezielt nur die Dinge, an denen Sie sich erfreuen? Oder kaufen Sie wahllos Dinge, weil der Preis verlockend günstig erscheint? Schauen Sie sich einfach mal ganz in Ruhe in Ihrem eigenen kleinen Reich um: Achten Sie gezielt darauf, welche Dinge Sie wirklich schätzen.

> *„Der Wert" ist immer davon abhängig, welchen Stellenwert wir etwas beimessen*

Welche Gefühle lösen all die Dinge aus, die Sie wegen des geringen Preises gekauft haben? Was zählt für Sie zu dem Besonderen in Ihrem Leben? Worauf sind Sie so stolz, dass Sie vor Freunden selbst ins Schwärmen geraten? Was erfüllt Sie mit Glück, Freude und Liebe?

Vielleicht ist Ihr Auto für Sie sehr viel wert, sodass Sie gerne in ein Auto investieren. Vielleicht sehen Sie es auch nur als ein Fortbewegungsmittel, das möglichst günstig sein sollte. Es kommt darauf an, was für Sie sinnvoll ist und Ihr Leben bereichert und dadurch einen hohen Wert für Sie verkörpert. Wahrscheinlich sind auch Sie bereit, für etwas, das Ihnen wirklich wichtig ist, mehr Geld zu zahlen, etwas länger zu warten, gezielt darauf hinzusparen oder auch extra dazuzuverdienen.

Sobald wir vom Sinn und Wert einer Investition überzeugt sind, investieren wir gerne. Wir können uns nicht alles sofort leisten, doch dadurch werden wir in unserer eigenen Wertschätzung getestet. Wie wichtig ist Ihnen der Wert, den Sie haben möchten? Lohnt es sich, darauf hinzusparen und bereits die Vorfreude zu genießen? Lohnt es sich, darüber nachzudenken, mit welchem zusätzlichen Einsatz Sie sich diesen Wert leisten könnten? Oder denken Sie darüber schon gar nicht mehr nach, weil es Ihnen das gar nicht wert ist? Auch der Wert der eigenen Leistung ist zwar von Marktpreisen abhängig, aber eben auch davon, was wir uns selbst als Wert beimessen. Denn nur in dem Maße sind wir auch in der Lage, unseren Wert und einen höheren Preis zu vertreten und darin nachhaltig zu überzeugen.

Der Wert Ihrer Arbeitsleistung steigt durch den „Reichtum" den Sie leben, denn dadurch, dass Sie ausgeglichen und glücklich sind, geben Sie mit Leichtigkeit Ihr Bestes. Sie können aus sich selbst die meisten Werte in Ihrem Leben schaffen. Sie sind der größte Wert, den Sie haben. Sich selbst weiterzuentwickeln,

> *Was hat welchen Stellenwert in Ihrem Leben?*

um ein Vielfaches daraus neu entstehen zu lassen, ist etwas sehr Wertvolles. Doch Weiterbildung und Entwicklung sind im Vergleich zu den billigen Produkten auch teuer. Kurse zu günstigen Kinoberieselungspreisen zu bevorzugen, um nicht so viel Geld zu verlieren, zeigt die geringe Wertschätzung und die eigene Angst davor, in sich selbst zu investieren. Der Blick, wie man aus der Investition gezielt ein Vielfaches gewinnen kann – und dafür genügt eine kleine Idee oder ein neuer Impuls, den wir gezielt weiterverfolgen –, bleibt dann verschlossen. Sind Sie eine Investition wert?

Projekte, von denen wir zutiefst überzeugt sind, können wir immer auf die Beine stellen oder die nötige Unterstützung dafür finden. Insofern scheitern sie nicht am Geld, sondern an einem Mangel an Vertrauen, Begeisterung, Mut, Wertschätzung oder Liebe. Bei einem Projekt, das scheinbar am Preis scheitert, haben Sie immer noch zwei Möglichkeiten: weg mit der Idee oder her mit einem neuen Weg! Erst wenn wir unsere Investitionen aus

Überzeugung leisten und ihnen einen hohen Stellenwert geben, sind wir damit achtsam genug, um daraus einen Mehrwert zu beziehen und die Chancen und Ideen zu erkennen, die sich für uns daraus ergeben. Durch höhere Preise wird es nicht schwieriger, ein Vielfaches für sich selbst aus dieser Investition zu machen. Es wird leichter und Gewinn bringender. Denn höhere Preise verlangen uns eine höhere Beachtung und Überzeugung ab. Sie verlangen unsere Wertschätzung – erst dann geben wir unser Geld, erhalten den Wert und wissen ihn auch zu schätzen. Somit steigt selbst bei scheinbar gleichem Wert der Wert für uns aufgrund des höheren Preises.

Es ist Ihre Entscheidung, für welche Werte Sie gerne Ihr wertvolles Geld geben, sodass Sie daraus mehr Sinn und Erfüllung beziehen. Sie selbst verleihen Ihrem Leben Wert. Es ist Ihre Preis-Wert-Frage.

13

Werte in Beziehung

Jeder Wert ist davon abhängig, wie wichtig und sinnvoll er für uns ist. Um unser Leben werthaltig zu gestalten, ist es erforderlich, dass wir wissen, was in unserem Leben wirklich Bedeutung hat und uns bereichert. Was ist Ihnen wirklich wichtig in Ihrem Leben? Was erfüllt Sie mit Freude und beschert Ihnen inneres Glück? In welche Menschen, Produkte und Leistungen investieren Sie gerne und wofür ist Ihnen Ihr Geld zu schade? Wenn Sie wertbewusst handeln wollen, dann brauchen Sie zunächst ein klares Bild Ihrer eigenen Werte, deren Prioritäten und von all dem, was Ihnen wichtig ist und Freude schenkt. Dabei können Werte auch in Konkurrenz zueinander stehen. Solche bestehenden Widersprüche müssen erst einmal in Einklang gebracht werden. Auch sind wir von Glaubenssätzen geprägt, die uns das Leben unserer Werte alles andere als erleichtern.

Entspannt Geld zu verdienen existiert nicht als Glaubenssatz. Dagegen wissen wir alle, dass man für sein Geld viel tun und viel Zeit investieren muss. Unter dem Wert „Geld" leidet dann zum Beispiel unser Wert „freie Zeit" für Familie, Freunde, Hobbys, Sport, Erholung. Wenn Umweltbewusstsein einen hohen Wert für einen Menschen darstellt und er mit reich sein nur Luxus und materielle Verschwendung verbindet, dann widerspricht dies seinem ökologischen Gewissen. Solange wir einen solchen Zwiespalt in uns tragen, verhindern wir unbewusst unseren möglichen Reichtum. Es ist deshalb wesentlich, die eigenen Werte zu kennen, zu definieren und sie in sinnvolle Beziehung zueinander zu bringen. Das ist mit nahezu allen Werten möglich.

Wenn wir uns von unserem bisherigen Denkschema lösen, können wir unseren eigenen Reichtum definieren. Mit diesem eigenen Bild von uns selbst kann das Geld in viel höherem Maße zu ökologisch gesunden Projekten und nachhaltiger Entwicklung beitragen. Dann wird dieser Reichtum erstrebenswert und auch erreichbar, denn es gibt keine Kraft mehr, die ihm entgegenwirkt. Jedes ersehnte Ziel, das in uns freudvolle Gedanken, Gefühle und Bilder hervorruft, ist mit Leichtigkeit verbunden.

Es ist also unumgänglich, dass wir uns mit den Inhalten unserer Werte beschäftigen. Denn im Großen und Ganzen haben wir in vielen Fällen die gleichen Werte, aber interpretieren unterschiedlich, was sie für uns verkörpern. Was bedeutet zum Beispiel für Sie Reichtum?

Schönheit ist für die meisten Menschen ein sehr bedeutender Wert. Doch während die einen darunter das Annähern an ein Schönheitsideal verstehen, liegt für andere wahre Schönheit in der Eigenheit und Einzigartigkeit einer Person. Da kann ein Muttermal am Mund zum Schönheitsfleck werden und eine überdimensionierte Nase durchaus das Charisma fördern.

> *Wertbewusstes Handeln setzt ein klares Bild unserer eigenen Werte voraus*

Auch Respekt ist ein wichtiger Wert, dessen genaue Bedeutung unklar sein kann. Wenn beispielsweise ein Kind seinen Eltern widerspricht, wird das als respektlos empfunden. Wenn es dagegen sofort pariert, sind wir beeindruckt von dem scheinbaren Respekt, den es zeigt. Dabei handelt es sich häufiger um

Angst als um Respekt. Welcher Arbeitnehmer bringt seinem Vorgesetzten denn mehr Respekt entgegen: Derjenige, der bei allem Respekt seinem Chef gegenüber stets klar seine eigene Meinung sagt? Oder derjenige, der jede Meinung seines Chefs respektiert, ihn darin unterstützt und damit scheinbar seinen Respekt zeigt? Der Übergang von Respekt zu Angst vor Ablehnung oder Bestrafung ist fließend. Falls Sie eine klare Definition von Respekt für sich haben, heißt das noch lange nicht, dass Ihr Chef das genauso sieht.

Gerechtigkeit wird als Wert von den meisten Bürgern geschätzt. Doch bereits das Konzept eines einheitlichen Steuersatzes stellt unseren Gerechtigkeitssinn auf den Prüfstand. Nur weil wir mit unterschiedlichen Steuersätzen im Sinne scheinbarer Gerechtigkeit groß geworden sind, sind unterschiedliche Steuersätze heute Ausdruck von Gerechtigkeit. Obwohl objektiv betrachtet gleiche Behandlung für alle wesentlich mehr Gerechtigkeit bedeutet als Ungleichbehandlung. Auch stellt sich die

> *Leben Sie die Lebenswerte,*
> *die Sie glücklich machen?*

Gerechtigkeit bei einem gleichen prozentualen Steuersatz mathematisch ohne jede staatliche Intervention von ganz alleine ein. Denn x % von weniger Einkommen ergibt in der Summe eine geringere zu zahlende Steuer als x % von einem wesentlich höheren Einkommen.

Ehrlichkeit ist ebenfalls bei den meisten Bürgern ein sehr hoch angesiedelter Wert. Doch wie ehrlich sind Sie zum Beispiel im Umgang mit Ihrer eigenen finanziellen Situation – sich und anderen gegenüber? Sprechen Sie klar, offen und ehrlich über Ihre Finanzen und Ihr Geld? Über Geld spricht man nicht, heißt es.

Dementsprechend unangenehm ist es, über Geld zu reden. Man schweigt und genießt materiellen Reichtum, den man sich in Wahrheit gar nicht leisten kann, und redet eine marode finanzielle Situation schöner, als sie ist. Wenn es uns zu gut geht, verbergen wir das oder stellen die Situation ein wenig schlechter dar, denn wir wollen keinen Neid aufkommen lassen, niemanden vor den Kopf stoßen oder überheblich wirken. So üben sich wohlhabende Menschen in Bescheidenheit und spielen ihre Situation selbst herunter, während sich andere ihre Situation schlimmer reden, als sie ist, oder sie gerade schon wieder schön reden ...

Im Spiegel des Geldes zeigt sich, wie schwer es uns fällt, ehrlich mit uns selbst zu sein. Wie können wir dann ehrlich zu anderen sein? Und wie viel Ehrlichkeit dürfen wir erwarten? Die Forderung nach gelebten Werten in Beziehungen, Partnerschaften, Unternehmen und in der Gesellschaft bleibt eine leere Hülse, solange wir für uns selbst nicht in der Lage sind, die entsprechenden Werte zu leben.

Gewinnen Sie Ihre eigene Klarheit und definieren Sie die Werte, die Ihr Leben sinnvoll ergänzen, die es lebenswerter machen und Ihnen mehr Lebensgenuss bescheren. Leben Sie Ihre Werte!

14

Scheinwerte

Um unser Äußeres sind wir sehr bemüht. Bereitwillig geben wir deshalb gerne in Mengen unser Geld aus, um jung und schön auszusehen. Wir unterstreichen nicht unsere einzigartige Schönheit und zeigen stolz unseren wahren Wert, denn dafür mangelt es an Selbstbewusstsein und an der Bereitschaft, uns einfach so zu akzeptieren, wie wir sind. Mit viel Aufwand versuchen wir unserem Schönheitsideal näher zu kommen. Solange es uns schwer fällt, persönlich und privat voll und ganz zu uns selbst zu stehen, wird es schwierig, dieses Selbstbewusstsein in Unternehmen zu leben.

Da es uns bereits an Akzeptanz uns selbst gegenüber fehlt, mangelt es auch in zwischenmenschlichen Beziehungen an gegenseitiger Akzeptanz. Beziehungen zu Partnern „im Außen“ erscheinen uns dann schwierig, zumal wir uns bereits schwer damit tun, mit uns selbst eine harmonische und anerkennende Beziehung zu leben. Was sich im Außen zeigt, ist der Spiegel unseres Selbst und damit das Resultat unseres Sein-Zustandes.

Selbstakzeptanz und Selbstbewusstsein sind immer schwieriger zu erlangen, je mehr wir uns künstlich Maßstäbe auferlegen, die weit von unserer Natur entfernt sind. Selbstbewusstsein heißt, dass wir uns unserer selbst bewusst sein können. Es bleibt aber zu bezweifeln, ob wir in uns selbst bewusstes Sein gewinnen, während wir unser Bewusstsein auf Äußerlichkeiten lenken, die mit uns selbst nichts mehr zu tun haben. Durch unseren Fokus auf Äußerlichkeiten und dem Bestreben danach, etwas anderes zu verkörpern, als wir sind, werden wir uns unserer selbst immer weniger bewusst.

Das Alter verkörpert Werte. Als Kind bewunderte ich ältere Menschen. Sie strahlten all die Gelassenheit, Ruhe und Lebensweisheit aus, die ich mir wünschte. Für mich waren sie ein Fels in der Brandung. Ich möchte nicht ewig jung sein, sondern mit Würde altern. Ich möchte ruhiger, gelassener, weiser werden dürfen und dabei an Ausstrahlung gewinnen. Ich will meine vom Leben gezeichneten Spuren schamlos respektieren und mich dafür schön fühlen, ohne mich selbst zu verachten, dass ich mein Leben lebe und diese Tatsache auch nicht spurlos an mir vorübergeht.

Durch die Abwertung des Alters tragen wir zu einer neuen Dimension von Altersangst bei. Wir begrüßen die „Midlife-Crisis" Ende zwanzig, denn ab Mitte vierzig könnten wir schon zum alten Eisen gehören. Es ist ein seltsames Phänomen, dass wir zunehmend unter uns selbst leiden, darunter, wer wir sind, wie wir sind und wie wir aussehen. Deshalb setzen wir gegen uns selbst gerichtete Maßstäbe und streben danach, jung und schön auszusehen – aller Natur zum Trotz. Dafür investieren wir unsere Zeit und unser Vermögen, anstatt einfach in Frieden mit uns zu sein.

Wir sind bereit viel Geld zu zahlen, um schön und jung auszusehen

Während der Anteil der „all natural" unter den Menschen schwindet, werden die Stimmen nach „all natural" bei den Produkten größer. Wir wünschen uns von den Hühnern, deren Eier wir essen, mehr Natürlichkeit als von uns selbst. Wir regen uns auf, wenn

Tiere artfremd gehalten werden, und entwickeln eine Artenfremdheit uns selbst gegenüber. Das, was wir haben und sind, ist zu selbstverständlich und langweilig, um es noch zu schätzen. Natürlichkeit hat an Wert verloren.

Gesundheit, Schönheit oder Reife sind uns von Natur aus geschenkt und wir dürften das einfach „nur“ annehmen, achten und genießen – wenn wir das können. Wir dürfen uns selbst auferlegter Anti-Werte, die in keiner Weise mit unserer Wurzel und Natur in Einklang zu bringen sind, wieder entledigen. Denn

> *Sind Sie bereit sich einfach mehr zu schätzen und zu lieben, so wie Sie sind?*

sie halten uns davon ab, unsere Individualität zu entfalten und unserem Leben mit Dankbarkeit und Demut zu begegnen. Wen lieben wir denn so sehr, dass wir uns all das antun, uns von uns selbst entfremden oder unter den gesellschaftlichen Zwängen leiden? Die Gesellschaft? Den eigenen Partner, von dem man glaubt, dass er sich insgeheim wünsche, man selbst sähe aus wie Angelina Jolie oder Brad Pitt?

Wen also genau lieben Sie wirklich? Sie können sich kein schöneres Geschenk machen, als sich so zu lieben und zu schätzen, wie Sie sind. Und es kostet Sie nichts. Im Gegenteil: Sie leben Ihre Einzigartigkeit und bewahren sich wertvolles Geld. Sie können dann aufhören, das Glück irgendwo im Außen zu suchen, denn dort werden Sie es wahrscheinlich nicht finden – Ihr Glück.

15

Schmerzvermeidung oder Lebensgenuss

Was sind nun echte, lebenswerte Werte? Echte Werte sind von besonderer ureigener Schönheit und bestechen durch ihre Einzigartigkeit und Ausstrahlung. Unsere Sehnsucht nach diesen Werten ist so groß, dass wir dafür gerne unser Geld geben. Doch genau genommen ist dafür kein Geld erforderlich. Das, was wir uns wirklich davon versprechen, ist mit Geld weder erreichbar noch käuflich.

Jedem von uns ist sein Leben, seine Einzigartigkeit und seine ureigene Schönheit geschenkt. Wir sind nicht alle gleich, und das macht diese Welt so bunt, abwechslungsreich und vielfältig. Uns ist ein langes Leben beschert, in dem wir ständig wachsen, lernen und reifen. Doch wir selbst setzen uns ständigen Vergleichen mit anderen aus und lehnen uns selbst ab für das, was nicht zu einem standardisierten Schönheitsideal passt. Je älter wir werden, umso älter sehen wir aus. So altern wir leidvoll. Wir streben nach Befreiung von unserem Leiden und wir leiden sehr, unter uns und unserem Leben. Das fängt mit der Geburt an.

Nehmen wir also exemplarisch das Leiden einer Geburt. Wir sehnen uns nach schmerzfreien Geburten, denn Schmerzen machen für uns keinen Sinn und tun nur unnötig weh. Also vermeiden wir Schmerzen. Die Medizin liefert die Möglichkeiten, nicht nur im medizinisch notwendigen Umfang. Frauen lassen sich betäuben, noch bevor der erste Wehenschmerz gefühlt wurde. Die Angst vor Schmerzen ist so groß, dass diese Schritte sinnvoll und notwendig erscheinen. Was für viele medizinischer Fortschritt ist, ist aus dem Leben heraus betrachtet genauso eine Form von Rückschritt. Wir können nicht Lebensintensität genießen und gleichzeitig darauf bedacht sein, alles scheinbar Negative zu vermeiden. All das, was wir als negativ bewerten, trägt zu unserem Lebensglück bei.

Es ist sinnvoll, dass wir nicht nur Sonnentage haben. Gerade an den nicht so sonnigen Tagen entsteht zwischen Menschen Begegnung, die Möglichkeit, sich in schweren Zeiten zu unterstützen, Trauer miteinander zu teilen, sich weiterzuentwickeln und zusammen zu wachsen. Erst dadurch, dass wir auch unglückliche Zeiten durchlebt haben, wissen wir unser Glück besonders zu schätzen. Das Leben spielt sich nicht nur auf einer Seite ab. „Schlimm“ wird das erst dadurch, dass wir selbst diese Seite abwerten und einen Teil unseres Lebens als vermeidenswert ablehnen. Unserem Verstand erscheint ein Leben auf „Sparflamme“ erstrebenswerter – keine Schmerzen, kein Risiko, keine Verluste. Dafür mehr Schmerzfreiheit, Bequemlichkeit und scheinbare Sicherheit. Wie weit wir in all den Momenten der gelebten Schmerzvermeidung von unserem fühlbaren Lebensgenuss entfernt sind, erschließt sich uns dabei wohl kaum. Diese Belohnung dürfen wir erst erfahren, wenn wir uns ganz auf unser Leben einlassen und es in all seiner Vielfalt, Natur und Ursprünglichkeit annehmen. Dann werden wir Stärkung aus unseren Schmerzen erfahren, Gewinne aus dem scheinbaren Verlust ziehen und Lebenserfüllung statt gelebter Bequemlichkeit erleben.

> *Wenn wir unsere Abwertungen loslassen, leben wir im Genuss*

Das heißt nicht, dass der schmerzhaftere Weg der beste ist, sondern nur, dass selbst schmerzhafte Schritte zu unserem Besten sind und unserem Wachstum dienen.

Was ist für Sie lohnenswerter: Krisen krampfhaft auszuhalten und auf Verbesserung zu hoffen oder sie anzunehmen und daran zu wachsen?

Im Leben können wir nur gewinnen. Wir werden immer wieder die Erfahrung machen, dass wir ungeahnte Kräfte freisetzen können, um jede sich bietende Situation zu meistern. Wir verweigern uns dem Leben, wenn wir uns den Herausforderungen des Lebens verweigern. Unsere Ängste, die der Grund für unsere Vermeidungshaltung sind, bleiben uns erhalten, solange wir ihnen nur ausweichen. Erst wenn wir unseren Ängsten begegnen, befreien wir uns davon und erschließen uns unser Potenzial. Das Leben besteht nicht aus Hürden, damit wir daran scheitern, sondern damit sie uns in unserem Wachstum und unserer Entwicklung fördern.

Es ist unsere eigene Bewertung, die uns dazu bringt, eine bestimmte Situation zu vermeiden oder gar zu fürchten. Wir bewerten jede Situation, jede Gegebenheit, jeden Menschen, jedes Produkt, jede Leistung. Alle unsere Werte haben mit unserer eigenen Bewertung zu tun.

Es ist eine heilsame und nachhaltige Entwicklung zu lernen, nicht zu werten und die eigenen allgegenwärtigen Abwertungen loszulassen.

Unser gefühltes Leiden entsteht nicht dadurch, dass wir selbst nicht schön, jung oder reich genug sind. Der Schmerz entsteht erst durch uns selbst, indem wir uns und unsere Situation abwerten und alles, was wir nicht haben, überbewerten. Erst wenn wir uns selbst als nicht schön, jung oder reich genug herabsetzen, verletzen wir uns selbst. Unsere eigene Abwertung macht uns unzufrieden, undankbar und unerfüllt. Es geht nicht darum, neue Werte zu entwickeln. Es geht darum, unsere eigene Überbewertung von unerreichbaren Idealen zu entwerten und unsere

> *Sind Sie so frei, ohne Be- und Abwertung zu leben?*

Neigung, ständig abzuwerten, loszulassen. Erst dann sind wir frei dafür, all das, was wir sind und haben, aufrichtig anzunehmen, zu schätzen, zu genießen und zu lieben.

Sie haben die Wahl, losgelöst von unerreichbaren und nicht erstrebenswerten Maßstäben im Einklang mit sich selbst zu leben. Sie selbst erlösen sich von Leid und können dann Ihren wahren Wert begreifen, in jeder Faser Ihres Körpers spüren und selbstbewusst zur Entfaltung bringen. Das ist der erste Schritt, Ihr Leben anzunehmen und zu lieben, angefangen mit der wichtigsten Person in Ihrem Leben – mit Ihnen selbst.

16

Gewinnreiche Verluste

Verluste sind, wie so vieles in unserem Leben, eine Frage des Standpunktes. Schon bei „Mensch ärgere Dich nicht" haben wir uns geärgert, der Verlierer zu sein, obwohl wir genau das nicht sollten. Wir haben nicht gelernt, uns mit den Gewinnern zu freuen oder darauf zu achten, was wir gewinnen, auch wenn wir verlieren. Wir haben nicht verstanden, dass wir alle einmal der Gewinner sind und auch mal der Zweite, Dritte oder erst der Vierte. Indem wir nur nach Zielen und Gewinnen streben und nicht den Moment als solchen genießen, verlieren wir den Genuss all dieser vielen Lebensmomente auf dem Weg zu unserem Ziel. Dann haben wir mehr verloren, als wir gewinnen können.

Wir dürfen uns über uns selbst freuen, wenn wir den Großmut haben, uns mit dem Gewinner zu freuen. Wir dürfen erfahren, dass wir dafür respektiert und geschätzt werden und Größe beweisen, wenn wir gute Verlierer sein können. Wir bereiten uns damit schon darauf vor, in der eigenen Gewinnerposition einfach nur zu genießen und zu wissen, dass es uns gegönnt ist und andere sich mit uns freuen.

Wir können im Leben nur dazugewinnen, auch wenn wir scheinbar verlieren. So machen uns auch unsere finanziellen Verluste immer ein Stück reicher. Wir bringen uns um den Gewinn dieser Lebenserfahrungen, solange wir uns nur auf unsere negativen Gefühle des Verlustes konzentrieren. Wenn wir das Leben als eine Schule begreifen, die jeden zu seinem Besten schulen will, dann bekommen vergangene Verluste eine neue Bedeutung. Was ist Ihr Gewinn aus bisherigen Verlusten? In welcher Weise sind Sie an und mit Ihren Verlusten gewachsen?

In finanzieller Hinsicht gibt es keinen Verlust. Es gibt nur Geld, das wir verloren geben. Bis dahin ist es allenfalls Lehrgeld, aus dessen Investition wir Wertvolles lernen können. Wir können versuchen, Verluste zu vermeiden, doch dann leben wir in der

> *Die Angst vor Verlusten*
> *nimmt uns die Freiheit, unser Leben*
> *jetzt ausgiebig zu genießen*

Vermeidung und noch nicht im Zugewinn oder in grenzenloser Lebensfreude. Je stärker wir innerlich auf die Vermeidung und auf das Bild von Verlust ausgerichtet sind, desto wahrscheinlicher ist es, dass Verluste trotz bzw. wegen der Vermeidung eintreten. Verlustangst endet in den Verlusten.

Dazu ein Beispiel aus meinem Leben: Im Sommer 1992 verbrachte ich drei Monate in Spanien, um in der Ferienzeit dort bei einer Familie in Deutsch Nachhilfe zu geben. Ich sparte in dieser Zeit alles, was ich konnte – für später. Am Rückreisetag wurde es mir ganz mulmig, mit so viel Geld zu reisen. Ich wusste nicht, wohin mit dem Geld, um es auf sicherem Wege nach Hause zu transportieren. Als ich es zu mir nehmen wollte, fiel mir ein Bericht aus einer Zeitung ein, in dem ich von der Ermordung eines Mädchens gelesen hatte – wegen des Geldes, das sie bei sich trug. Also verstaute ich das Geld, in gewohnter Manie meines Vaters, in vielen verschiedenen Täschchen und Medizinröhrchen und verteilte diese strategisch in meinem Rucksack. Und es kam, wie es kommen musste: Der Rucksack kam in Frankfurt nicht an. Er tauchte ein paar Tage später auf – wertsachenfrei. Das Geld war weg. Dieser Verlust hat so richtig wehgetan. Mir Sparfuchs!

Nun kann man das als einmalige Geschichte verdrängen und abhaken nach dem Motto „Passiert jedem einmal". Man hat auch die Möglichkeit, zu resignieren und zu versuchen, dem Geldsparen keinerlei Bedeutung mehr zu geben oder auch wie bisher, nur noch strenger, zu sparen. Oder man kann daraus wertvolle Schlüsse für die Zukunft ziehen. Ich habe für mich daraus gelernt, nie wieder an den kleinen Dingen zu sparen, die mir viel Freude schenken! Daran habe ich mich bis heute gehalten. Dies hat mir sehr viele zusätzliche schöne Momente des reinen Genusses beschert. Insofern hat dieser Verlust meinen Lebensgenuss für den Rest meines Lebens gesteigert.

Noch so einen gewinnreichen Verlust hatte ich am Ende meines Au-pair-Aufenthaltes in Amerika. Die Familie hatte an den Wochenenden einen zusätzlichen Babysitter. Leider war dieser, wie sich erst später herausstellte, kleptomanisch und schreckte auch vor der Bereicherung an meinen geringen Wertschätzen nicht zurück. Bis dahin sammelte ich leidenschaftlich Schmuck aus aller Welt, Uhren, verrückte Brillen, sogar bunte Socken. Ich war bestürzt feststellen zu müssen, dass wertvolle Teile aus meiner Schmucksammlung fehlten. Meine ganze Sammlung schien mir wertlos und sie erinnerte mich immer an die fehlenden Stücke. Ich war voller Ärger!

Allerdings stellte ich mir auch die Frage, warum ich überhaupt so viele Dinge sammelte, die als solches ja noch nicht einmal einen Sammlerwert besaßen. Ich wusste es nicht. Es war einfach wichtig – wie Trophäen oder Beweise für mein Leben, meine Unternehmungen und die Plätze, die ich besucht hatte.

Unbewusst fing ich an, mich mit der Frage zu beschäftigen, was mein Besitz für mich bedeutete. Seither lebe ich leichter. Mit weniger Besitz, der mir abhanden kommen kann, und mehr Bewusstsein für die Werte, die ich wirklich schätze.

Der Verlust war eine sehr abrupte Spontanheilung meiner Sammelmanie. Er hat mir seither viel Geld und Platz gespart, den mich der ganze Kram inzwischen kosten würde. Ich habe sehr viel Klarheit und ein neues Besitzdenken gewonnen.

Ich habe damals beschlossen, dass mein Leben, das heißt alles, was mir wichtig ist, in einen Koffer passt. Das war ein großer Gewinn an Freiheit und Klarheit über meine Werte. Wenn ich in 10 Minuten mein Haus für immer verlassen müsste, wüsste ich zu jeder Zeit ganz genau, was für mich den entsprechenden Wert hat und was ich wirklich mitnehmen würde. Daran hat sich im Laufe der Zeit vieles geändert. Mein Koffer mit den wirklich wichtigen Dingen schrumpft. Das ist gut so. Ich glaube, er schrumpft in dem Maße, in dem ich innere Freiheit und den Bezug zu meinem Wert gewinne.

Zwei Fragen haben mich bewegt: Wer bin ich? Was ist eigentlich mein Besitz? Dabei stellte ich fest, dass die Antworten sich überschnitten und ich mich mit meinem Besitz identifizierte. Danach habe ich für mich eine klare Trennung beschlossen: Ich bin ich. Und mein Besitz ist mein Besitz. Er ist niemals wesentlich dafür, wer ich bin. Seither kann ich alles, was ich besitze, dankbar genießen. Vor allem die innere Freiheit, zu jedem Zeitpunkt auch ohne meinen Besitz sein zu können, ohne dadurch selbst an Wert zu verlieren.

Es gibt Menschen, die angesichts meiner 1-Koffer-Idee das Grauen packt. Sie horten immer noch: Streichholzschächtelchen des ersten Diskobesuches, Bierdeckel eines trinkreichen Abends, Mützchen, Fähnchen, Eintrittskarten und, und, und … Alles Ballast, der uns keinen Reichtum mehr bescheren kann. In jeder Minute, in der wir an der Vergangenheit hängen, sind wir getrennt vom Jetzt. Wir können nicht gleichzeitig das Beste aus diesem Moment machen, während wir in der Vergangenheit verweilen und vergangenen Momenten nachhängen.

Ohnehin macht das Eintauchen in alte Zeiten wenig Sinn. Entweder empfinden wir diese Zeiten tatsächlich als „besser", dann bringen wir uns aktiv in das Leid und in den traurigen Bewusstseinszustand, dass es uns jetzt „schlechter" geht. Oder die Zeiten waren noch nicht einmal besser als heute, dann macht es erst recht keinen Sinn, sich mit den Gefühlen von damals zu beschäftigen, anstatt im Jetzt zu leben.

In dem Maße, in dem wir an altem Ballast festhalten, halten wir uns an alten Begrenzungen fest und begrenzen uns selbst. Wir begrenzen unseren Raum, unser Unterbewusstsein und unseren Lebensgenuss jetzt in dieser Minute. Vielleicht haben wir Angst, die Vergangenheit loszulassen, weil wir nicht wissen, was die Zukunft bringt. Vielleicht haben wir Angst, den Besitz loszulassen, weil wir uns ohne repräsentativen Besitz und damit

> *Welchen Gewinn haben Sie durch Ihre Verluste?*

verbundene Lebensbeweise nackt fühlen. Vielleicht fürchten wir uns vor der Frage, wie wertvoll wir uns ohne unseren Besitz noch fühlen.

In dem Bedürfnis nach Besitz liegt unser Bedürfnis, geliebt und anerkannt zu werden. Unsere Besitzorientierung ist somit auch ein Ersatz für bis dahin unerfüllte essenzielle Bedürfnisse nach Liebe, Anerkennung, Geborgenheit und Zugehörigkeit. Wir müssten uns eingestehen, dass wir keine Kontrolle über die Dinge in unserem Leben haben, die uns wirklich am Herzen liegen. Unser Leben findet außerhalb dieser Kontrolle statt – in dem Maße, in dem wir lieben und geliebt werden. Liebe zu schenken oder zu geben können wir weder erzwingen noch durch Anstrengung erreichen. Doch so angestrengt, wie wir unser Leben gestalten, sind wir generell sehr bemüht – auch um mehr Geld und Besitz, und vernachlässigen dabei das, was unser Herz berühren und erfüllen würde.

Bildlich sehe ich nur noch einen sehr kleinen Koffer vor mir. Während ich diesen betrachte, fällt mir auf, dass ich mir diese fixe Idee ganz sparen könnte. Das, was mir wichtig ist, ist mein Leben und all die Menschen, die ich liebe. Vielleicht liegt darin unsere größte Angst, zu erkennen, dass wir gar nicht besitzen können. Denn all das, was unser Herz und unsere Seele nährt, können wir nicht als Besitz haben – auch nicht mit Geld oder dem Kauf von Dingen.

17

Wollen und Haben

Wir wollen alles immer schneller und immer mehr. Wir glauben, unsere Wünsche haben keine Grenzen, sodass wir sie nie ganz befriedigen können. Wir leiden unter dem damit verbundenen Mangel in unserem Leben, und deshalb wollen wir „haben“, so viel wir nur haben können. Doch genau dadurch bestätigen wir unser Gefühl, noch nicht ausreichend zu besitzen und im Mangel zu leben. „Es ist eben nie genug“, denken wir dann.

Aber ist das wirklich so? Brauchen wir unbegrenzte Summen an Geld, um uns die Erfüllung all unserer Wünsche und daraus resultierender Folgewünsche erkaufen zu können? Für einen Menschen in akuter Geldnot oder in der Schuldenfalle mag dies zunächst so scheinen. Er wird sich zunächst sagen: „Wenn ich nur dies oder das hätte, wäre ich schon glücklich!“ Sobald er allerdings „dies oder das“ besitzt, stellt er fest, dass ihm doch noch einiges fehlt und er tatsächlich noch weitere Wünsche für ein erfülltes Leben hat. Wir wollen und wollen und wollen – und fragen uns verzweifelt, wo das ganze Geld dafür herkommen soll. Glauben Sie, dass Ihr Seelenfrieden, Ihr inneres Glück von der äußeren Erfüllung all Ihrer Wünsche abhängt?

Wenn wir als Mensch aus dem Gleichgewicht geraten, ist dies häufig der Grund für Unzufriedenheit. Aus dieser Unzufriedenheit erwächst der Wunsch und die Illusion, das eigene Glück durch Besitztum zu steigern. Wenn ein Produkt nicht reicht, dann vielleicht viele. Der Wert von materiellen Dingen ist nicht der, so viele wie möglich davon zu besitzen. Der Wert besteht auch nicht darin, gefühlte Leere, Sinnlosigkeit oder vorhandenen Frust wegzukaufen. Wenn wir Klarheit darüber haben, was unser Herz zum Schwingen bringt, dann ergänzen die dazu passenden Produkte unser Leben auf sinnvolle Weise und erfüllen und bereichern uns.

Wir können nur in dem Maße Erfüllung aus materiellen Dingen beziehen, in dem wir zu erfüllten Gefühlen in der Lage sind. Ein schönes Haus als solches macht Sie nicht zwangsläufig glücklicher. Erst dadurch, dass Sie sich aufrichtig daran erfreuen und sich darin wohl fühlen können, werden Sie diese Gefühle auch in Verbindung mit dem Haus erleben. Wir füllen also die Materie, die uns umgibt, mit unserem Leben. Materieller Besitz als solcher ist unlebendig und kann uns nicht mit lebendigen Gefühlen bereichern. Materie vermag uns allenfalls mit dem in Kontakt zu bringen, was sie ist. Dies kann in Form von Geld oder Besitztum sehr kalt, starr und leblos sein. So fühlen sich viele Menschen trotz materiellem Überfluss nicht überglücklich und reich. Wenn Ihnen der Kontakt zu Ihrem eigenen inneren Reichtum und Ihrem freudvollen Erleben daran fehlt, dann bleibt nur die Leere der Materie.

Frieden erleben Sie dann, wenn Sie mit sich selbst in Frieden sind. Reichtum, der Sie berührt, glücklich stimmt und wirklich

> ***Reich sind Sie, wenn Sie das in Ihrem Leben haben, was Ihr Herz berührt!***

bereichert, haben Sie dann, wenn Sie sich auch reich fühlen. Erst wenn Sie sich bereits im Lebensgenuss befinden, können Sie alles, was Sie haben, ausgiebig und genussvoll erleben. Dann kann zusätzliches „Haben“ auch mehr Leichtigkeit, Lebensgenuss,

Erfüllung und all das in Ihr Leben bringen, was Sie sich wünschen – weil Sie selbst all diese glücklichen Gefühle leben. Es ist wahrscheinlich, dass Sie nicht alles brauchen, was Sie dachten, um ein glückliches Leben zu haben und glücklich zu sein. Sie dürfen sich selbst befreien von der scheinbaren Abhängigkeit, dass Ihr Leben durch mehr „Haben" genussvoller wird. Sie erleben immer nur die Fülle an Gefühlen, die Sie bereits in sich zum Leben erweckt haben. Wenn Sie aufhören, mit materieller Befriedigung innere Leere, Frustration und Resignation zu verdrängen, stellen Sie fest,

> *Wissen Sie um die wahren Schätze in Ihrem Leben?*

wie weit Ihr Geld tatsächlich reicht. Je mehr wir „Haben" wollen, umso mehr nehmen wir uns den Genuss, bewusst zu leben, denn es zählt dann nur das Ziel. All die Zeit auf dem Weg zu unseren Zielen verbringen wir gestresst, angestrengt, ängstlich, bangend, hoffend ... unerfüllt. Das Leben schenkt uns stets nur einen Moment, der sich lohnt zu leben. Dieser Moment ist immer „nur" jetzt.

Sie sind nicht erst dadurch reich, dass Sie vieles haben und besitzen. Sie sind bereits dann reich, wenn Sie das in Ihrem Leben haben, was Ihnen wirklich am Herzen liegt. Erst dann wissen Sie dieses Bewusstsein und Ihren wahren Reichtum zu schätzen und zu genießen.

18

Schein oder Sein

Worum wir uns sehr bemühen, ist unser äußerer Schein. Wir wollen schöner und größer scheinen, als wir sind, auch wenn dann der Schein trügt. Wichtiger als das Erleben unseres Lebens sind die Scheine und scheinbaren Beweise unseres Könnens und Schaffens. Leidenschaftlich sammeln wir jeden Schein, der unser Sein dokumentiert: Zeugnisse, Zertifikate, Urkunden, Auszeichnungen, Geld. Wir tun mehr als nötig, nur um „Schein" zu besitzen. Zu unserem Gefühl haben wir den Bezug verloren. Wir verlassen uns lieber auf den Verstand, der glaubt, dass wir uns ohne den Schein wie ein Nichts fühlen würden.

Den Schein gilt es um jeden Preis zu wahren, ganz gleich wie viel Anstrengung, Zeit, Nerven und Geld uns das kostet und wie es hinter der Fassade wirklich aussieht. Doch die Fassade unseres Scheinlebens beginnt zu bröckeln. Schein zu erlangen und zu wahren wird immer schwieriger. Wir verlieren uns in dem unreflektierten Streben nach mehr äußerem Schein, weil wir glauben, dadurch mehr zu sein. Wir „tun" viel und handeln nicht mehr so, wie wir es aus unserem Mensch-Sein heraus tun würden. Wenn wir unserem Geld die höchste Priorität in unserem Leben geben, dann messen wir uns selbst als Mensch weniger Wert bei.

Dabei können wir alles, was wir scheinbar nur für Geld tun, ganz einfach für uns selbst tun und damit zu Geld gelangen.

Das können wir aber nicht, wenn wir glauben, Geld nur mit harter Arbeit zu verdienen. Unser Sein ist es, aus dem all das hervorgeht, was in unserem Leben besteht. Uns selbst dürfen wir dankbar sein. Es gibt nichts für Geld zu tun.

Sie sind kein schlechterer Mensch, wenn Sie viel besitzen. Sie sind auch kein besserer Mensch, wenn Sie auf Geld und Besitz in Ihrem Leben verzichten. Sie sind der Mensch, der Sie sind. Falls Sie sich für einen besonders guten Menschen halten, weil Geld für Sie keine Rolle spielt, dann kann es nun keinen guten Grund mehr geben, darauf zu verzichten. Vielleicht sind Sie es sich noch schuldig geblieben, mehr zu haben und Ihre wahre Größe zu leben, sodass Sie durch mehr Reichtum Ihr Leben sinnvoll erweitern und auch für andere eine noch größere Bereicherung sind. Frei von Verachtung oder Überbewertung können wir Geld den ihm zustehenden Platz in unserem Leben geben. Dann stehen wir selbst an erster Stelle, an zweiter Stelle folgt das Geld, und erst danach kommt der Besitz, den wir uns mit Geld kaufen können.

Menschliche Beziehungen einzusparen und zu vernachlässigen zugunsten von scheinbar mehr Geld ist die größte Täuschung, der wir in unserem eigenen Gelddenken unterlegen sind.

Ohne Schein kein Sein?

Geld ist das Resultat aus gesunden Beziehungen und all dem, was daraus erwächst. Wenn wir den Wert Mensch wieder anerkennen und bereit sind, ihm seinen Wert zuzugestehen, dann werden wir nachhaltig wachsen und auch alle diese Wertschätzung im eigenen Geldbeutel spüren. Wer hat also den Mut, seinem Leben wieder mehr Wert beizumessen?

Wenn wir unser Leben aufrichtig lieben, dann sparen wir nicht jeden Cent menschliche Freude, sondern erfüllen uns das, was unseren Körper, unser Herz und unsere Seele nährt, aus reiner Liebe zu uns selbst ... unser Lebensgenuss gewinnt an Wert. Spätestens dann dürfen wir erkennen, dass nicht das Geld verantwortlich ist für das eigene Lebensglück. Menschen und menschliche Beziehungen können dann wieder einen ganz hohen Stellenwert im Leben einnehmen.

Anstatt unser Leben dem Geld oder unserem Besitzstreben unterzuordnen, dürfen wir unser Leben genießen. Wir sind die Quelle, mit der wir uns unseren materiellen Reichtum erschließen. Wer hat gesagt, dass das mit Anstrengung verbunden sei?

Wagen Sie es schon, Sie selbst zu sein?

Ist es für Sie anstrengend, das auszuleben, was Sie wirklich gerne tun? Falls Ihre Vorstellung Sie davon abhält, daran zu glauben, erfolgreicher zu sein, indem Sie einfach Ihr gesamtes Potenzial frei entfalten, dann halten nur Sie selbst sich davon ab, Ihr Potenzial und Ihren Erfolg zu leben.

Sie berauben sich selbst Ihres größten Wertes, solange Sie sich nicht ganz annehmen und stattdessen nur darauf bedacht sind, sich äußerlich zu verschönern und sich mit Dingen zu umgeben, die den Schein von Reichtum und Fülle wahren.

Wenn Sie es wagen, als der Mensch zu scheinen, der Sie sind, ist es leicht, Ihren Schein zu wahren.

19

Der Verlust unserer Geldbeziehung

Wie gesund wäre für Sie eine Partnerschaft, in der sich alles nur noch um Ihren Partner dreht? Sicher wäre es keine Basis für eine ausgewogene gesunde Beziehung. Es wird zur Belastung, jemanden glücklich zu machen, der aus sich selbst heraus keine Erfüllung bezieht und schon selbst nicht mehr weiß, was ihn glücklich macht. So wird wahrscheinlich derjenige, um den sich alles dreht, die Beziehung verlassen.

In Bezug auf Geld machen wir häufig genau das: Wir kümmern und drehen uns nur noch um Geld – so lange, bis es weg ist. Geld trifft natürlich keine eigenen Entscheidungen. Doch uns ist nicht bewusst, dass Geld nur durch Menschen fließen kann und wir immer mit Menschen in Beziehung stehen, wenn es um das Thema Geld geht. Beim Thema Geld scheitern wir letztendlich an den gleichen Hürden wie in allen unseren zwischenmenschlichen Beziehungen.

Wir leben in größerer Distanz zu den Menschen, mit denen wir Geld tauschen. Auch kennen wir die meisten schon gar nicht mehr persönlich, und viele unserer Tauschpartner wohnen in anderen Ländern. Wir kaufen in immer anonymeren, riesigen Einkaufszentren ein, in denen wir uns verloren fühlen können. Stattdessen lässt uns unser Verstand daran glauben, dem Paradies auf Erden näher zu kommen. Einkaufen ist zum Raffen von Waren und Produkten verkümmert. Es hat mit Genuss,

Begegnung und menschlichem Austausch, mit dem wir den Einkauf zu einem bewussten und schönen Erlebnis machen, immer weniger zu tun. Wir verlieren den Bezug zu unserem Geld und auch den Sinn, den es für uns erfüllt.

Diese Entwicklung wird durch den bargeldlosen Zahlungsverkehr unterstützt. Wir fassen unser Geld kaum noch an und haben auch kein Gefühl mehr dafür, was wir tatsächlich besitzen.

> *Der Verlust unserer Beziehung zu Geld spiegelt den Verlust unserer Beziehung zu uns selbst wieder*

Viele Menschen verlieren auf diese Weise den Überblick über ihre Finanzen oder vermeiden jegliche Auseinandersetzung damit. Das Bezahlen mit Plastikkarten erscheint uns bequem und sicher. Wir müssen keine Angst mehr haben, dass uns das Geld aus der Tasche geklaut wird. Aus Angst, etwas zu verlieren, wollen wir unser Geld stets an einem sicheren Ort bewahrt wissen. Unsere Angst bleibt uns gut konserviert erhalten, während wir den Bezug zu Geld wie auch zu uns selbst immer mehr verlieren.

Während ein Unternehmer im ersten finanziellen Engpass einen Kredit erst dann wieder von seiner Bank erwarten darf, wenn er ihn schon nicht mehr braucht, werden Kredite über jedes vernünftige Maß hinaus an Geringverdiener und Berufsanfänger gewährt und genauso verantwortungslos auch angenommen. Wachstums- und sinnorientierte Finanzierungen für Unternehmer zu erlangen wird immer schwieriger, während die Möglichkeiten wachsen, kurzlebige und geringwertige Waren auf Pump zu finanzieren.

Ich weiß nicht, ob ich mit 18 einen Kredit für mein erstes Auto bekommen hätte. Sicher wäre ich nie auf die Idee gekommen ein

Darlehen zu beanspruchen und alle anderen Jugendlichen in meinem Alter auch nicht. Man leistete sich entweder das kleinste und älteste Auto, das man sich noch leisten konnte, oder musste sich mit den Eltern die Nutzung des Familienwagens teilen. Heute bietet man jungen Menschen, denen wir sehr fragwürdige Slogans in Bezug auf Geld vermitteln und dennoch ein hohes Verantwortungsbewusstsein bei ihnen voraussetzen, leichtfertig das Finanzieren, Leasen, Mieten all der Produkte an, die sie scheinbar brauchen. In kleine monatliche Einzelraten aufgeteilt, wirkt das auf dem Papier auch noch verdaulich. Nur mit ein bisschen mehr sparen bei den Einkäufen in den Großmärkten ist es dann nicht mehr getan. Doch freiwillig verzichten will niemand in einer Welt, in der durch billige Preise alles sofort möglich und erreichbar scheint.

Es ist sinnvoll, sich aktiv und bewusst mit Geld zu beschäftigen und möglichst viel bar zu bezahlen, um Geld wieder zu erfassen und anzufassen. Dadurch erleben wir auch wieder das Verhältnis unserer Einnahmen und Ausgaben und auch die Geschwindigkeit, mit der Geld zu uns fließt und wieder geht. Es ist wichtig, zu lernen, offen und ehrlich über Geld zu sprechen, und unsere Einstellungen, Absichten und Werte mit den Menschen zu teilen, die uns am Herzen liegen.

Wie bewusst gehen Sie mit Geld um?

Der Verlust unserer Beziehung zu Geld lässt sich nicht auf die Materie des Geldes beschränken. Er spiegelt den Verlust unserer Beziehung zu anderen Menschen und letztendlich zu uns selbst.

20

Geld als Spiegel unserer selbst

Die Menge des Geldes in Ihrem Leben und die Erfüllung, die es mit sich bringt, hat weniger mit Geld an sich zu tun als mit Ihnen selbst.

Am Geld zeigt sich, wer Sie sind.

Wenn Sie ein generell großzügiger Mensch sind, dann können Sie das schwer auf der materiellen Ebene unterbinden. Wenn Sie finanziell geizen, fällt es Ihnen auch schwer, verschwenderisch mit Gefühlen umzugehen. Wenn Sie sich Lebensglück von Geld erhoffen, ohne etwas für Ihren Erfolg zu tun, dann tragen Sie auch sonst in Ihrem Leben nicht gerne die Verantwortung.

Sie sind der, der Sie sind, und leben sich selbst in allen Bereichen Ihres Lebens – in Bezug auf Geld genauso wie in der Beziehung zu anderen Menschen.

Wie Sie sich über Geld äußern, hat nur mit Ihnen zu tun und nichts mit der Materie Geld.

Spontan sind viele Menschen geneigt zu sagen, dass sie keine Beziehung zu Geld haben. Doch tatsächlich hat jeder Mensch seine ganz eigene Beziehung zu Geld. Wir kommen nicht umhin, durch das Mittel Geld unser Leben zu organisieren, unsere Existenz zu sichern und dadurch mit Geld in Beziehung zu sein. Keine Beziehung zu Geld zu haben heißt, noch keine Beziehung zu einer ganz wesentlichen Bezugsquelle in sich selbst zu haben. Das kann eine Begabung oder Leidenschaft sein, die bis jetzt noch nicht zur Entfaltung gekommen ist. Das Erschließen dieser Quelle wäre nicht nur ein großer Zugewinn an persönlicher Erfüllung und emotionalem Reichtum, sondern auch eine Gewinn bringende Geldbezugsquelle.

Mit Geld nichts zu tun haben zu wollen bedeutet nicht, dass es jemandem vor dem Papier oder den Münzen graut, sondern dass er mit etwas sehr Essenziellem in seinem Leben nichts zu tun haben will. Je ablehnender jemand dabei reagiert, umso stärker ist seine eigene Abwehrhaltung. Eine Körpersprache, die sagt, „Bleib mir vom Leib", hat ihre Ursache oft in frühem Missbrauch, der sich in der Beziehung zu Geld dann ausdrückt.

Ihre empfundene Beziehung zu Geld spiegelt die Beziehung, die sie zu sich selbst haben.

Chronisch einen Mangel an Geld zu empfinden zeigt, dass Sie bereits einen Mangel in anderen Bereichen Ihres Lebens erleiden. Angst vor finanziellen Verlusten ist erst dann gegeben, wenn Sie bereits in der Verlustangst leben. Ihre Gefühle lassen sich nicht auf Ihre finanzielle Situation beschränken. Vielmehr sind sie in all Ihren Lebensbereichen existent.

Wenn Sie angesichts Ihrer finanziellen Situation Angst haben, dann weil Sie diese Angst bereits in sich tragen. Die Ursache für Ihre Angst liegt nicht im Geld. Sie wurde viel früher in Ihnen ausgelöst, sehr wahrscheinlich lange bevor Sie mit Geld in Kontakt waren.

Verlustängste resultieren aus den verschiedensten Kindheitserlebnissen, wie dem Verlust eines nahe stehenden Menschen, Trennung der Eltern oder auch einem Ortswechsel, verbunden mit dem Verlust von Freunden. Die Verbindung zu den Eltern ist dabei ganz entscheidend, wie aufgehoben und begleitet wir uns fühlen und wie wir mit diesen Erlebnissen umzugehen lernen. Angst vor den eigenen Eltern bewirkt die größten Ängste in uns und nimmt uns unser Gefühl von Geborgenheit, denn wir verlieren die wichtigsten Bezugspersonen, die uns in unserer Angst helfen, trösten und erlösen würden.

Geld spiegelt die Beziehung zu Mutter und Vater.

Ihre Beziehung zu Vater und Mutter spielt eine tragende Rolle in Ihrer eigenen Beziehung zu Geld. Wenn Sie früh Geborgenheit verlieren, dann fällt es Ihnen schwer, sich finanziell sicher und geborgen zu fühlen. Daran ändert auch die Höhe Ihres Kontostandes oder die Menge Ihres Besitzes nichts. Sie fühlen sich erst dann sicher und geborgen, wenn Sie dieses Vertrauen schon in sich haben.

Unbewusst verhindern viele Menschen ihren eigenen größeren Erfolg, indem sie sich nicht zugestehen, über ihre Eltern hinauszuwachsen. Als Kinder sind wir kleiner als unsere Eltern und schauen zu ihnen auf. Wir bleiben zwar unser Leben lang die Kinder unserer Eltern, doch ist es wichtig, sich auch finanziell abzunabeln und sich nicht aus kindlicher Liebe weiter finanziell „kleiner“ zu halten. So erfahren wir die Ablösung von den Eltern auch als finanziellen Abnabelungsprozess, durch den wir unsere Eigenständigkeit gewinnen und in unsere wahre Größe wachsen. Mit dem Erkennen dieses Zusammenhangs, nämlich dass wir aus Liebe zu unseren Eltern in unserem Wachstum begrenzt sein können, kann man dieses Verhaltensmuster auflösen und bewusst mit Liebe und Achtung den Weg zum eigenen Erfolg gehen.

Ein Zeichen von Anerkennung und Liebe ist auch, dass wir alles, was wir von unseren Eltern in die Wiege gelegt bekommen, dankbar annehmen und das Beste daraus machen. Eine ausgesöhnte Beziehung zu den eigenen Eltern und die Liebe zu Vater und Mutter bilden das gesunde Fundament für nachhaltigen finanziellen Erfolg.

Ihre Beziehung zu Geld spiegelt Ihren Bezug zu Ihrem Leben.

Wie geht es Ihnen angesichts Ihrer finanziellen Situation? Wie fühlen Sie sich dabei? Alles, was Ihnen nun dazu in den Sinn kommt, spiegelt Ihr eigenes Empfinden. In Ihrer Beziehung zu Geld erleben Sie also nur das, was Sie bereits in sich erleben.

> *Verändern Sie Ihre Beziehung zu sich selbst – und Sie verändern Ihre Beziehung zu Geld!*

Geld ist nicht die Ursache Ihrer Gefühlslage, sondern bringt Sie mit Ihren eigenen Gefühlen in Kontakt. Unbewusst projizieren Sie unverarbeitete Gefühle auf Ihre finanzielle Situation.

Alles, was Ihnen beim Blick in Ihren Spiegel begegnet, ist positiv. Scheinbar negative Aspekte machen Sie auf einen Missstand aufmerksam, den es zu lösen gilt, sodass Sie glücklicher und reicher leben.

Manche Menschen begegnen erst durch hohe Schulden dem Bedürfnis, um ihrer selbst willen geliebt zu werden. Bis dahin leben sie in der Angst, ohne Geld nicht mehr geliebt oder wegen ihrer Schulden verachtet zu werden. Andere leben in scheinbarer finanzieller Abhängigkeit und glauben, dass sie das Geld anderer Menschen, des Ex-Partners oder des Staates brauchen, um überleben zu können. Tatsächlich sind sie nur deshalb abhängig, weil sie sich abhängig fühlen und sich selbst keinen Ausweg eröffnen können. Das Gefühl der Abhängigkeit ist bereits so vertraut, dass sie es nicht nur in finanzieller Hinsicht erleben. Sich aus einer finanziellen Abhängigkeit zu lösen erfordert nicht mehr Geld, sondern in erster Linie die eigene Bereitschaft, sich aus dem Gefühl der Abhängigkeit zu lösen. Dabei haben Abhängigkeiten sehr subtile Vorteile, die unbewusst von einem Befreiungsschlag abhalten. Eine schwache abhängige Person erhält Trost, Bemutterung, Aufmerksamkeit und freundschaftliche Zuwendung, die dann nicht mehr nötig wären. Die Beziehung zum Partner wird

> *Wenn Sie finanziell wachsen wollen, müssen Sie zunächst in sich wachsen*

auf den Prüfstein gestellt, wenn der bisher schwächere Teil nun an Stärke gewinnt, und genauso müssen auch Freundschaften einer starken Wandlung Stand halten.

Wenn Sie das Gefühl haben, dass Ihnen Liebe in Ihrem Leben vorenthalten wurde, dann erhalten Sie dieses Gefühl im finanziellen Bereich aufrecht, indem Sie erleben, dass Ihnen Geld vorenthalten wird und Ihnen nicht so zukommt, wie Sie es gerne hätten. Je mehr Sie sich selbst blockieren, umso mehr wird ihr Geldfluss blockiert sein. Und wenn ihr Geldhahn überquillt und Sie keinen Zugang dazu haben, dann will Ihnen diese Situation nur bewusst machen, dass Sie nichts davon haben, Geld im Überfluss nur zu besitzen, solange Sie Ihren Reichtum nicht leben, erleben und genießen können.

Viele Menschen glauben, dass Geld erst dann verdient ist, wenn es hart erarbeitet wurde. Häufig wurden sie so geprägt, indem sie nur für getane Arbeit und erbrachte Leistungen Belohnung und Anerkennung erfahren haben. Wenn diese Überzeugung in Ihnen festsitzt, werden Sie unbewusst Ihr Geld immer hart erarbeiten müssen und auch dann erst stolz darauf sein.

Großen Reichtum, den Ihnen das Leben auf leichtem Wege beschert, werden Sie dagegen nur schwer genießen können.

Sie können nicht gleich Ihre finanzielle Situation ändern, doch Sie können sofort Ihre eigene Beziehung zu Geld ändern und Geld damit anders erleben.

Eine reale Veränderung Ihrer finanziellen Situation bedeutet dagegen nicht zwangsläufig eine wirkliche Veränderung Ihrer Situation und schon gar nicht eine Veränderung Ihres Lebensgefühls. Sie können mehr Geld haben und trotzdem keine gesteigerte Lebensfreude empfinden. Auch fällt Ihr monatlicher Überschuss nicht automatisch größer aus, wenn sich Ihre Einnahmen erhöhen. Falls es in Ihrem Leben bisher „immer nur gereicht hat", dann wird dies auch mit mehr Geld der Fall sein, sodass unterm Strich genauso viel oder wenig übrig bleibt wie bisher. Sie gönnen sich etwas mehr und passen Ihren Lebensstandard an. Damit bestätigen Sie sich schneller, als Ihnen lieb ist, dass es immer nur gerade so reicht. Erst wenn Sie Geld wertfrei betrachten und Ihre innere Haltung so verändern, dass mehr in Ihrem Leben möglich sein darf, werden Sie eine neue finanzielle Situation erleben.

Weil Geld der Spiegel Ihrer Beziehung zu Ihnen selbst ist, müssen Sie erst Ihre Beziehung zu sich selbst verändern, wenn Sie Geld anders sehen, fühlen und erleben wollen.

21

Der Preis verdrängter Gefühle

Der Spiegel Ihrer Finanzen zeigt klar, ehrlich und ungeschminkt Ihre Situation. Alles was Sie dabei in Bezug auf Geld erleben, hat nur mit Ihnen und Ihren Gefühlen zu tun. Geld bietet die Möglichkeit, an sich selbst zu wachsen, denn indem Sie Ihren unterdrückten Gefühlen begegnen, können Sie befreit davon Ihr Leben und Ihr Geld in vollen Zügen genießen.

In vielen Situationen in unserem Leben stauen wir Emotionen auf, weil wir unsere Gefühle unterbinden. Von diesem emotionalen Ballast will uns unser Unterbewusstsein befreien und bringt uns in Situationen, in denen wir mit diesen Gefühlen erneut in Kontakt kommen. Denn indem wir unsere Gefühle annehmen, durchleben und uns mit der Situation aussöhnen, werden wir frei von der „alten" unterbundenen Energie.

Unterdrückte Gefühle sind nicht nur eine emotionale Belastung, sie machen sich auch in finanzieller Hinsicht bemerkbar. Unsere unbewussten Schuldgefühle schaffen sich ihren Platz in unserem Leben in Form von finanziellen Schulden. Scham hält Geld gänzlich von uns fern und verhindert, dass wir Geld annehmen können. Unterdrückte Wut verschafft sich Luft im Finanziellen und führt auf vielfache und auch gewaltsame Weise zu Geldvernichtung in Form von Konsumrausch, Spielsucht, Diebstahl und jede andere Art und Weise, die uns mit unserer angestauten Wut in Berührung bringt. Unsere Angst verhindert einen gesunden Geldfluss und führt uns geradewegs auf das Ziel zu, das wir fürchten.

Ängste haben wir ausreichend: Unbewusst meiden wir Besitz, weil wir Angst haben vor dem Verlust; wir meiden Erfolg, weil wir Angst haben vor dem Fall; wir trauen uns nicht, der Beste zu sein, aus Angst davor, versagen zu können; wir leben nicht unsere Größe aus Angst vor der Ablehnung anderer Menschen. Wir fürchten Reichtum, weil wir Angst haben vor dem stillen Ausschluss aus der Gemeinschaft und dem Neid der anderen. Wir dosieren unsere Liebe aus Angst, verlassen oder verletzt zu werden, und wir begrenzen uns in unserem Leben aus Angst ... Wir haben Angst vor der Angst, weil wir ihr schon viel zu lange nicht mehr in die Augen geschaut haben, um zu erkennen, dass sie uns nichts tun will.

Unsere verdrängten Gefühle verhindern nicht nur ein freies emotionales Erleben, sondern auch einen regen Geldfluss. Wir verdrängen nicht nur unsere Gefühle, sondern auch unser Geld. Dadurch genießen wir weniger finanziellen Wohlstand und weniger Freude, als wir haben könnten.

Sehr wohlhabende Menschen haben den Vorteil, dass sie durch das Verdrängen ihrer Gefühle und ihres Geldes nicht gleich in einen finanziellen Engpass geraten, doch an der Freude am

> *Indem Sie Ihre Gefühle verdrängen, verdrängen Sie Ihr Geld*

Geld mangelt es. Die Verdrängung wird sichtbar durch unerfüllten Besitz, mangelndes Werteempfinden, den Kauf von Geschenken und Wohlfühlprodukten, die Unzufriedenheit eindämmen und innere Leere auffüllen sollen.

Es geht nicht darum, negative Gefühle loszuwerden, sie zu verachten oder uns selbst dafür zu verachten. Ganz im Gegenteil ist es wichtig, sie anzunehmen, ihnen ihren Raum zu geben, dort wo sie ihren Platz haben, und sie in den Beziehungen zu klären, in denen sie zu klären sind. Das ist niemals Ihre Beziehung zu Geld. All das, was Ihnen jetzt in Ihrer Beziehung zu Geld begegnet, ist die Fortsetzung der ungeklärten Beziehungen, die während Ihres bisherigen Lebensweges entstanden sind. Die Aussöhnung mit den eigenen negativen Gefühlen bildet die Grundlage für eine gesunde Beziehung zu anderen und letztendlich zu sich selbst.

Fangen Sie an, die Beziehungen zu klären, in denen es für Sie noch etwas zu klären gibt. Sie befreien sich von alten Verletzungen, indem Sie sich dieser Gefühle bewusst werden und sie verarbeiten. Lassen Sie Ihren Gefühlen freien Lauf und schließen Sie selbst Ihren Frieden mit sich. Wenn Sie Ihre Wut in der Beziehung klären, die Sie in Ihre Wut gebracht hat bzw. immer noch bringt, dann befreien Sie sich von dieser aufgestauten Wut. Alle Ihre Gefühle von Scham, Schuld, Angst, Trauer sind nicht in Verbindung mit Geld entstanden, sondern in menschlichen Beziehungen.

Wir urteilen über unsere Gefühle und sind unseren eigenen Bewertungen und Begrenzungen unterlegen. Wir streben nur nach bestimmten „guten“ Gefühlen, während wir die scheinbar „negativen“ Gefühle nicht haben wollen. Wir entfremden uns von unserem innersten Empfinden in dem Versuch, unser Gefühlsleben zu kontrollieren. Jedes Lachen ist willkommen, jede Träne wird unterdrückt und ist uns peinlich. Für schlechte Laune und Trauer entschuldigen wir uns. Doch Begegnung zwischen Menschen findet in der Emotion statt. Indem wir mit anderen mitfühlen, erleben wir tiefe menschliche Begegnung und bewegende

Momente. Diese Begegnungen sind nur möglich, wenn wir diese Gefühle auch leben und miteinander teilen.

Alle unsere Gefühle haben ihre Daseinsberechtigung und ihren positiven Sinn. Sie bereichern unser Leben, schenken uns Lebendigkeit, ermöglichen menschliche Begegnungen und geben uns in jedem Gefühl eine besondere Kraft. Wut steht in Verbindung mit unserer Leidenschaft, die eine wichtige Antriebsfeder in unserem Leben ist. Scham schützt unsere Intimsphäre und zeigt uns unsere Grenze und auch unsere Achtung. Schuldgefühle

> *Welche Gefühle löst Ihre finanzielle Situation in Ihnen aus?*

stehen für unsere Ethik und unser Schuldbewusstsein. Unsere Angst ermahnt uns zu gesunder Vorsicht und fordert uns in unserem Vertrauen heraus. Eine Angst taucht nicht grundlos auf, und es wäre falsch, sie zu missachten und sich damit leichtfertig auf ein zu hohes Risiko einzulassen. Jedes Gefühl hat eine Warnfunktion und hilft uns, gewisse Grenzen zu wahren, um uns selbst zu schützen und mit uns im Reinen zu bleiben.

Wenn Sie sich von aufgestautem Ballast befreit haben, dann sind Sie frei von unbewusster Destruktion und genießen mehr Achtsamkeit für jede Gefühlsregung und das, was sie Ihnen als Warnsignal oder positivem Impuls mitteilen will. Frei von alter emotionaler Energie können Sie sich auf Ihr Bauchgefühl verlassen und haben ausreichend Platz für all die Gefühle, die in diesem Moment Ihr Leben berühren.

Wenn Sie direkt in den Spiegel Ihres Geldes blicken, dann sehen Sie darin die Emotionen, die sich nach Klärung und Aussöhnung sehnen. Und Sie sehen nur noch eine Person, die Ihnen dies schenken kann. Der direkte Blick in den Spiegel Ihrer finanziellen Situation zeigt Ihnen darin

- nur noch einen Menschen, der sich schämt,
- und nur einen Menschen, für den er sich schämt,
- nur einen Menschen, der wütend ist,
- und nur einen Menschen, auf den er wirklich wütend ist,
- nur einen Menschen, der sich schuldig fühlt,
- und nur einen Menschen, dem er dann noch etwas schuldig geblieben ist.

Begegnen Sie Ihren Gefühlen und begegnen Sie sich – um in größerer emotionaler und finanzieller Freiheit Ihr Leben und Ihr Geld zu genießen.

22

Finanzielle Heilung

Finanzielle Heilung erfolgt, wenn wir in uns heilen. So wie Krankheit ein Ausdruck unseres Körpers ist, dass etwas in uns aus dem Lot geraten ist, zeigen sich unsere inneren Wunden auch in unserer Beziehung zu Geld. Finanzielle Krankheiten entstehen durch unsere unterdrückten Gefühle, die sich in Destruktion äußern und dadurch, dass wir gegen uns selbst verstoßen. Das ist öfter der Fall, als wir denken.

Viele Arbeitnehmer arbeiten in einem Umfeld, das überhaupt nicht ihrem Potenzial und ihren Talenten entspricht und schon gar nicht dem, was sie sich beruflich eigentlich wünschen. Sie fallen sich selbst zum Opfer, indem sie sich für Geld zu kurz kommen lassen und auf ihr wirkliches berufliches Glück verzichten. Viele Menschen ziehen eine Arbeitsumgebung vor, in der sie sichtlich leiden. Sie sind meist über- oder unterfordert und damit weit von Erfüllung im Beruf entfernt, und das scheinbar für mehr Sicherheit. Die erhaltene Entlohnung ist das empfundene Schmerzensgeld. So verharren viele Menschen dem Geld zuliebe in beruflichen Positionen, die sicher und gut bezahlt sind. Sie trauen sich nicht, ihrer Berufung zu folgen, was innerlich zu Frustration führt und sich auch körperlich zeigen kann. Viele verdienen ihr Geld gegen sich selbst gerichtet und erleiden dabei schwere Krankheiten, wenn die Signale des Körpers nicht wahrgenommen werden.

Eine Arbeit, in der wir unsere Wünsche, Fähigkeiten und Talente brachliegen und verkümmern lassen, kann uns krank machen. Auch wenn sie uns Sicherheit verspricht. Wir buckeln uns krumm und verbiegen uns für Geld, bis unser Kreuz streikt. Wir beugen uns der Angst vor dem finanziellen Fall und nehmen den Vorfall unserer Bandscheiben in Kauf. Ist uns die Art und Weise, wie wir unser Geld verdienen, selbst zuwider, leidet unser Magen. Klafft die Schere zwischen unserem Willen und unserem Gefühl zu weit auseinander, dann ist Depression noch die geringste Folge.

Nur gute Handlungen bewirken gute Entwicklungen

Wir selbst opfern uns dem Geld. Geld als solches zwingt uns zu nichts. Falls Sie glauben, zu etwas gezwungen zu sein, dann liegt auch hier der Ursprung nicht in der Materie des Geldes. Ihr Empfinden, „sich zu etwas gezwungen zu fühlen“, bleibt Ihnen so lange erhalten, bis Sie sich davon lösen.

Häufig bekommen Menschen erst durch Krankheit einen neuen Zugang zu ihrem Leben und setzen eine völlig neue Lebenskraft und Lebensenergie frei. Die gleiche Chance besteht bei allen finanziellen Krankheiten. Sie sind ebenfalls ein Weg zu Erneuerung. Es erfordert viel Mut, sich beruflich mit dem zu verwirklichen, was einem aus tiefstem Herzen ein Bedürfnis ist, und konsequent der eigenen inneren Stimme zu folgen, sodass Geldverdienen mit Freude gelingt.

Umbruchsituationen sind trotz aller Widrigkeiten immer auch eine Wachstumsmöglichkeit. Das Loslassen von Geld und Besitz kann zu Ihrer gesunden finanziellen Weiterentwicklung beitragen. Dies soll Sie nicht einladen, nun „mutwillig“ Geld loszulassen. Es soll Ihnen einen neuen Blickwinkel eröffnen, dass auch aus einer verlustreichen Situation eine positive Entwicklung für Sie hervorgehen kann. Betont sei das Wort „kann“, denn wesentlich ist, dass Sie achtsam mit sich sind, was die neue Situation in Ihnen bewirkt. Wenn Sie über längere Zeit ausschließlich an all Ihren Kräften zehrt und destruktive Kräfte in Ihnen nährt, indem Sie wütender und aggressiver werden, dann besteht die Gefahr der Selbstzerstörung – in Ihnen wie auch in Ihrem finanziellen Umfeld und in bestehenden Beziehungen.

Es gibt nichts für Geld zu tun. Alles was es scheinbar für Geld zu tun gäbe, tun Sie für sich. Die Blockaden, die es aufzulösen gilt, um Ihren Geldfluss in Schwung zu bringen, bringen in erster Linie Ihr Leben in Fluss. Alles was Sie emotional in Bezug auf Geld begrenzt, begrenzt Sie nicht nur in Bezug auf Geld, sondern in Bezug auf Ihr gesamtes Leben.

Die eigene Sexualität frei, erfüllt und genussvoll zu erleben wird gleichermaßen schwierig, solange Sie mit dem Gefühl von Scham durchdrungen sind. Indem Sie sich schämen, halten Sie sich nicht nur Ihr Geld vom Leib und den freudigen und genussvollen Umgang damit, sondern generell Ihren Lebensgenuss. Wenn Sie sich nicht mehr schämen für das, was Sie sind und haben, dann sind Sie befreit von ungesunder Scham und damit frei für den Genuss und die Freude, die Sie dann erleben dürfen.

Wie erfüllt und glücklich verdienen Sie Ihr Geld?

Die Lösung zeigt sich nicht als eine Antwort auf eine Ihrer Lebensfragen oder gar als Ratschlag. Die „Lösung“ liegt näher, als Sie denken, denn sie ist im wahrsten Sinne des Wortes ein „Von-sich-Lösen“ – Loslassen. Wenn Sie negative Emotionen aufarbeiten und aussöhnen, lassen Sie davon los. Befreit von destruktiver Schuld, Scham, Wut und Angst, schaffen Sie selbst in sich den Freiraum, um in vollen Zügen zu genießen und dankbar und erfüllt zu leben – auch in finanzieller Beziehung.

Nur Sie selbst können sich loslösen, erlösen und Ihre eigene Lösung sein. Und diese Lösung kann sich finanziell jeder leisten!

23

Geben ist Nehmen

Sie können immer nur das geben, was Sie haben. Um überhaupt in den Genuss von „Haben" zu kommen, müssen Sie erst einmal für sich selbst annehmen können. Dann dürfen Sie „haben". „Annehmen" klingt leichter, als es inzwischen ist, denn jede Verurteilung, Abwertung und Nicht-Anerkennung verhindert Annehmen. Was an Ihrer Situation können Sie vollständig akzeptieren? Wie viel von sich selbst können Sie annehmen und wertschätzen?

Auch zeigt sich die Art und Weise, wie Sie geben oder nehmen, in Ihrem finanziellen Verhalten. Es wird Ihnen nicht gelingen, in der Liebe großzügig zu sein, wenn Sie sich finanziell enthaltsam und geizig verhalten. Genauso gestehen Sie sich unbewusst nur das zu, was Sie auch wirklich annehmen können. Die Gunst, viel Liebe, Geld und Glück zu haben, erlangen Sie erst, wenn Sie innerlich auch wirklich offenen Herzens annehmen können – zuallererst sich selbst so wie Sie sind.

Geben und Nehmen gehören zusammen. Annehmen können Sie also leicht in dem Maße, in dem Geben für Sie selbstverständlich ist. Wenn Sie sich für Ihre eigene Leistung eine höhere Wertschätzung und einen höheren Preis wünschen, dann achten Sie darauf, wie leicht Sie Wertschätzung geben können.

Auch schaffen Sie, indem Sie geben, Platz für Neues in Ihrem Leben und lernen Ihre bestehenden Werte neu zu schätzen.

Sortieren Sie doch einmal bei sich zu Hause ordentlich aus! Sie werden vieles finden, das für Sie keinen Zweck mehr erfüllt und Platz kostet. All diese Dinge, die Sie nicht mehr benutzen oder brauchen, wie gelesene Bücher, aus der Mode gekommene

> *Geben schafft Platz für neues Wachstum!*

Kleidung oder altes Geschirr, können Sie dankbar weitergeben, neuen Freiraum gewinnen und einen doppelten Wert schaffen. Erstens geben Sie den Dingen wieder ihren Sinn, indem sie zum Beispiel in der Bücherei, einem Kinderheim, in der Kleidersammlung, über eine Hilfsorganisation oder auf anderen Wegen vielen Menschen zugute kommen. Zweitens begreifen Sie all das, was Sie nun noch in Ihrem Heim haben, ganz bewusst als wertvoll. Je mehr Sie sich nur noch mit den Dingen umgeben, die für Sie bedeutsam sind, umso reicher fühlen Sie sich in Ihrem eigenen Reich.

Durch unser Geben erneuern wir uns und ermöglichen neues Wachstum. Auf diesem Kreislauf von Geben als Basis für neues Wachstum beruht auch das Gesetz des Zehnten. Viele erfolgreiche Menschen handeln danach und geben ein Zehntel ihres Einkommens aus Überzeugung für wohltätige Zwecke weiter. Nicht erst dann, wenn sie es zu Erfolg gebracht haben, sondern als Basis ihres Erfolges.

Geben zu können hat einen sehr hohen Wert. Nicht nur für den Empfänger, sondern auch für Sie selbst. Sie dürfen sich daran erfreuen, anderen Menschen eine Hilfe und Freude zu sein, und können die Dankbarkeit genießen, dass Sie überhaupt so viel zu geben haben! Im Buddhismus heißt es deshalb, der Gebende soll dankbar sein. Der gesunde und stimmige Austausch von Geben und Nehmen wird häufig verhindert durch unbewusste Erwartungshaltungen. Wir geben und kalkulieren. Wir geben in der Erwartung, mehr geliebt, anerkannt und geachtet zu werden. Wir geben manchmal mehr, als wir gut und gerne geben wollen, nur um von anderen etwas zurückzubekommen oder gar um jemanden an uns zu binden. Jedes Geben über die eigene innere Überzeugung hinaus führt zu Frustration auf beiden Seiten durch aufkeimende Gefühle von Ausnutzung, Überforderung, Genervtsein, Abhängigkeit u. Ä.

Wir geben in den wenigsten Fällen frei von Erwartung nur um des Gebens willen. Doch erst dann, wenn wir frei von Erwartung großzügig geben, werden wir erfahren, dass uns Dankbarkeit und Großzügigkeit im Außen widerfährt.

Das eigene Bild von Reichtum ist verantwortlich dafür, wie attraktiv Reichtum für Sie ist und wie sehr Sie diesen in Ihr eigenes Leben einladen und genießen können. Sie tun sich selbst etwas sehr Gutes, wenn Sie anderen Menschen ihr Geld und den Reichtum, den sie sich erschaffen haben, gönnen oder sich mit ihnen freuen. Auch das ist Geben, wenn Sie anstatt bisheriger Verachtung aufrichtige Anerkennung schenken können. Damit ebnen Sie sich selbst den Weg zu mehr Reichtum, frei von Angst vor Neid und Verachtung durch andere. Sie öffnen sich mit ganzem Herzen, großzügig all das anzunehmen, was Sie sich für Ihr Leben wünschen!

Können Sie „loslassen“, um dem Neuen in Ihrem Leben Raum zu geben?

Das Leben können Sie nur in vollen Zügen annehmen oder Sie leben es bruchstückhaft und verhindern damit vieles, was Sie verdienen. Wenn Sie geübt sind im Annehmen, wird auch Geld mit größter Selbstverständlichkeit bei Ihnen willkommen sein.

Erfolg kann man nicht kalkulieren, aber er folgt, wenn Sie sich selbst folgen. Das tun Sie bereits, wenn Sie alles, was Ihnen innewohnt, annehmen und andere an Ihren Talenten, Fähigkeiten und Ihrem Sein teilhaben lassen, sodass Sie daraus Erfüllung und Wertschätzung erleben.

24

Geld-bewusstes Sein

Geld ist kein Allheilmittel. Geld können Sie am besten dann genießen, wenn Sie sich selbst schon genießen. Es wird keine Ihrer Wunden heilen, die Sie wegen des Geldes zu haben meinen – sei es, dass Sie zu wenig Geld besitzen oder zu wenig Erfüllung trotz eines großen Vermögens erleben.

Solange Sie nicht glücklich sind, ist scheinbar ein Mangel an Geld die Ursache Ihrer gefühlten Misere oder ein Übermaß an vorhandener Materie nur zusätzliche Belastung oder unerfüllende Leere. Es ist nicht mehr Geld, das Sie brauchen, um ab heute glücklicher zu leben.

Ihr inneres Empfinden und fühlbares Glück bildet die Basis dafür, dass Sie diesen Zustand auch im Außen, also auch in Verbindung mit Geld, erleben können.

Sie erlangen mehr Genuss nicht zwangsläufig durch mehr Geld, sondern indem Sie mehr genießen. Wenn Sie heute jeden Euro, den Sie haben, genießen können, dann werden Sie auch mit mehr Geld mehr Genuss erleben. Doch solange Sie nicht in der Lage sind, genussvoll zu leben, wird die Menge an Geld in Ihrem Leben daran nichts ändern.

Sorgen Sie stets für Ihr Wohlgefühl, sodass Sie sich immer rundum wohl und aufgehoben fühlen in Ihren Wohnräumen, Ihrer Kleidung und Ihrem Körper? Oder leben Sie funktionsorientiert, sodass Ihre Räume und Kleider ihren Zweck erfüllen und Ihr

Körper funktioniert? Ihr Lebensempfinden, Ihr Lebensgenuss, die Art und Weise, wie intensiv Sie leben und wie wohl Sie sich fühlen, hat nichts mit Geld zu tun. Das Lebenswerte in Ihrem

> *Nicht die Menge an Geld ist für Ihren Genuss im Leben verantwortlich, sondern Ihre Fähigkeit, genussvoll zu leben!*

Leben kostet Sie kein Geld. Sie können einfachste Situationen genussvoll leben. Das Leben hält Sie nicht davon ab – und auch nicht Ihr Geld.

Geldbewusstsein erlangen Sie, indem Sie sich Ihrer selbst bewusst werden. Zu wissen, wer Sie sind, welche Fähigkeiten, Talente und Schätze in Ihnen liegen, ist wesentlich dafür, dass Sie sich auch Ihres Wertes bewusst sein können. Sie haben alles, was Sie brauchen, um erfolgreich sein zu können. Das Leben selbst hat Sie geschult und Ihnen die wertvollste Ausbildung zukommen lassen. Unabhängig von Ihrer Berufsausbildung und Ihrem beruflichen Werdegang sind Sie selbst Ihr größter Erfolgsfaktor. Sie müssen sich dessen nur bewusst sein – sich selbst bewusst SEIN.

Neben einer bewussten und für Ihren Geldfluss förderlichen Haltung und Einstellung zu Geld, spielt auch Ihre bewusste körperliche Wahrnehmung eine große Rolle. Achten Sie bei Geldtransaktionen einmal darauf, wie es Ihnen geht und welche Gefühle und Impulse in Ihnen ausgelöst werden. Wenn uns zum Beispiel jemand spontan auf der Straße um Geld bittet, dann kann es sein, dass wir ohne jede Überzeugung schnell etwas Geld geben, nur um uns nicht schlecht zu fühlen. Das heißt, wir geben unser Geld, um uns scheinbar des schlechten Gefühls zu entledigen. Obendrein ärgern wir uns, wenn wir uns überrumpelt fühlen und unser Geld nicht im Sinne unserer Überzeugung gegeben haben. In dem Falle haben wir weniger Geld und eine negative Emotion mehr. Es kann auch sein, dass Sie kein Geld geben und sich dafür schämen. Dann haben Sie ebenfalls ein negatives Gefühl mehr in sich genährt. Keine Gefühle zu spüren heißt noch nicht, dass das Erlebnis spurlos an Ihnen vorübergeht, denn vielleicht verdrängen Sie Ihre Gefühle. Wenn Sie sich Ihrer selbst und damit Ihrer Emotionen bewusst sind, dann spüren Sie ein Gefühl. Vielleicht merken Sie, dass Ihnen die Überzeugung und die Freude an dieser Investition fehlen und Sie das Geld jetzt nicht geben wollen. Dann ist es für Sie selbst zum Besten, das wahrzunehmen und nach dieser gefühlten Klarheit und Überzeugung selbstbewusst zu handeln. Der entscheidende Unterschied ist der, dass Sie dabei ein anderes Gefühl erleben. Sie sind sich Ihrer Überzeugung sicher und können das auch klar vermitteln. Und vor allem geht es Ihnen selbst spürbar gut dabei!

Vielleicht stellen Sie auch fest, dass Sie von Herzen gerne Ihr Geld geben. Dann erleben Sie auch diese Großzügigkeit, Freude

Wie sehr genießen Sie Ihr Leben?

und Nächstenliebe erst, wenn Sie sich dessen bewusst geworden sind. Dadurch erst schenken Sie sich selbst die Freude daran, das Geld in Ihrem Sinne wertstiftend zu geben und jemandem dieses Geschenk zu machen.

Das Bewusstwerden der eigenen Gefühle eröffnet den Genuss eines reichen emotionalen Empfindens in jedem einzelnen Moment – auch bei jeder Begegnung mit Geld.

Lernen Sie Achtsamkeit gegenüber Ihren Gefühlen und den Impulsen, die diese in Ihnen auslösen, bevor Sie das Geld kostet.

Beispielsweise unterschreiben viele Menschen Versicherungsverträge, die sie gar nicht wollen, nur weil sie sich schämen, „nein" zu sagen. Lieber zahlen sie also Geld, um ihr Schamgefühl zu übergehen. Andere schließen zu riskante Anlagen ab, deren Zusammenhang sie nicht verstehen, weil es ihnen peinlich ist, ihr Unverständnis kundzutun. Auch das kann teuer werden. Andere möchten um keinen Preis als geizig gelten und geben viel mehr Geld, als sie sonst geben würden, nur um ja nicht geizig zu erscheinen.

Für alles, was wir in uns verdrängen, weil wir es nicht sein und nicht haben wollen, „verdrängen" wir wertvolles Geld. Wir geben Geld, um uns nicht klein und unfähig zu fühlen, uns nicht zu schämen, unsere Wut nicht zu zeigen und um unsere Trauer zu übergehen. Wir zahlen viel Geld für Ablenkung und Spaß, um unsere wahren Emotionen zu überspielen.

Wenn Sie sich Ihrer still ablaufenden Mechanismen bewusst sind, dann erkennen Sie schnell selbst, welches Gefühl welchen Impuls in Ihnen wachruft und Sie dazu bringt, Ihr Geld wegzugeben. Indem Sie sich selbst wahrnehmen in Ihrem Umgang mit Geld, können Sie frei von veralteten Verhaltensmustern ganz bewusst die Entscheidungen treffen, die Sie wirklich treffen wollen und die jetzt in diesem Moment für Sie stimmig sind.

Geld-bewusstes Sein basiert auf Ihrem Bewusstsein. Werden Sie sich Ihrer selbst bewusst und erlangen Sie damit ein fühlbar neues Bewusstsein in Ihrer Beziehung zu Geld und damit zu sich selbst!

25

Ethik als Erfolgsbasis

Wenn Sie von nun an mit jedem Schritt ein Stück emotionale wie finanzielle Freiheit und Stabilität gewinnen wollen, ist es wichtig, dass Sie sich selbst treu bleiben.

Achten Sie im Austausch mit anderen Menschen darauf, mit sich selbst und Ihren Gefühlen im Reinen zu sein. In bestehenden Partnerschaften und Geschäftsbeziehungen ist es wichtig, die eigenen Wertvorstellungen und Überzeugungen, denen man mit seiner getroffenen Entscheidung folgt, zu kommunizieren. Dies erfordert zunächst etwas mehr Zeit, sorgt allerdings auf beiden Seiten für Klarheit, mehr Verständnis und eine stabilere Beziehung. Vielleicht haben Sie selbst schon die Erfahrung gemacht, dass es sich in bestehenden Beziehungen nicht lohnt, klein beizugeben oder ein ungutes Gefühl zu verdrängen, weil das später zu Eskalation führt und dann aus einer banalen Auseinandersetzung ein großer Streit entflammen kann.

Spielen Sie ab heute in jeder Beziehung und bei jeder Transaktion mit offenen Karten und verzichten Sie auf taktische und strategische Spielchen. Mit jeder Entscheidung, die nicht mit Ihnen im Einklang ist, müssen Sie leben. Verlangen Sie sich das ab, was Sie von anderen erwarten. Begegnen Sie in finanziellen Angelegenheiten den damit verbundenen Menschen so ehrlich, fair und aufrichtig, wie Sie es für sich selbst nur können. Wenn Ihnen Ihr Wohlbefinden und langfristiges finanzielles Wohlergehen wichtig ist, dann leben Sie Ihre eigene Ethik und seien Sie achtsam damit. Nicht nur aus wirtschaftlicher Berechnung, sondern weil Sie wissen, dass es für Sie selbst wichtig ist.

Wenn Sie Ihre eigenen Werte verletzen, kann es gut sein, dass Sie sich schuldig fühlen. So zum Beispiel, wenn Sie lügen oder nicht ganz die Wahrheit sagen, obwohl Ehrlichkeit für Sie ein sehr hoher Wert ist. Vernachlässigen Sie Ihre Werte auch nicht aus Angst vor Bestrafung, denn damit vernachlässigen Sie ebenfalls nur Ihre eigenen Werte und damit sich selbst, während Sie Ihren Ängsten noch mehr Platz in Ihrem Leben einräumen.

Ethisches und menschliches Verhalten ist die Voraussetzung für fühlbaren inneren Reichtum und stabiles finanzielles Wachstum. Natürlich können Sie versuchen, aus jedem Geschäft Ihren eigenen Gewinn zu schlagen. Aber ist es das, wodurch Sie sich glücklich und reich fühlen?

Wirklich reich werden wir nicht dadurch, dass wir andere ärmer machen oder ihnen etwas wegnehmen, sondern indem wir auch für andere eine Bereicherung sind und dadurch Wertschätzung, gute Beziehungen und Freude im Miteinander entstehen.

> *Ethisches Verhalten ist die Vorraussetzung für stabiles Wachstum in jeder Beziehung!*

Wahrer Reichtum beschert uns ein positives Lebensempfinden. Das erlangen wir nicht, solange wir zu Lasten anderer und gegen unsere eigene Ethik handeln. Auf einen guten und für beide Seiten Gewinn bringenden Austausch in Beziehungen zu achten, bildet die gesunde Basis für eine lang anhaltende positive

Entwicklung in Beziehungen wie auch auf finanzieller Ebene. Das ist immer möglich, wenn wir es wollen. Ist Ihnen ein beiderseitiger Gewinn in Beziehungen wichtig? Möchten Sie die Qualität

> *Behandeln Sie andere so, wie Sie selbst gerne behandelt werden würden?*

in Ihren Beziehungen verbessern oder sind Sie nur auf Ihren eigenen sofortigen finanziellen Gewinn bedacht?

Sicherheitshalber sei erwähnt, dass das nicht heißt, nun finanzielle Abstriche in Kauf zu nehmen, um scheinbar eine Beziehung zu erhalten. Ganz im Gegenteil sollten Sie darauf achten, keinerlei faule Kompromisse einzugehen und stets so zu verhandeln, dass für alle Beteiligten ein stimmiger Austausch entsteht.

Stabiles und erfüllendes finanzielles Wachstum erreichen Sie in dem Maße, in dem Sie es bereits durch Ihr persönliches Wachstum in sich selbst integriert haben. Achten Sie darauf, dass Sie bei Ihren Handlungen Freude erleben, vor sich selbst gerade stehen und innerlich wachsen.

Häufig werden zum Wohle des Geldverdienens persönliche Bedürfnisse untergeordnet. Dabei ist es wichtig, dass Sie sich leben und gut für Ihr Wohlbefinden sorgen. Denn dann sind Sie ganz in Ihrem Element, in Ihrer Begeisterung und tun das, was Sie ohnehin mit Freude gerne tun. Sie erlangen nicht nur ein höheres Maß an Zufriedenheit und Authentizität, sondern haben dadurch erst Ausstrahlung und Energie, um Menschen, Partner, Kunden, Aufträge, Wertschätzung und damit Geld anzuziehen.

Es gibt Menschen, die nichts bewusst „tun" und einfach nur sich selbst folgen. Sie leben mit Begeisterung und Leidenschaft das, was Sie sind, und verdienen dadurch mit Leichtigkeit viel

Geld, Anerkennung und Liebe als erfolgreiche Musiker, Entertainer, Künstler und auch Unternehmer. Auf der anderen Seite gibt es viele Menschen, die angestrengt viel „tun“, weil sie glauben, sich Geld und Liebe erarbeiten zu müssen.

Tun Sie viel für Liebe in Ihrem Leben? Oder lieben Sie einfach? Verdienen Sie Ihr Geld, indem Sie viel dafür „tun“? Oder leben Sie einfach sich selbst? Sie können mit Geld weder fehlende Liebe in Ihrem Leben ersetzen noch an Selbstwert gewinnen oder Ihr Ansehen steigern. Das gelingt Ihnen nur in dem Maße, indem Sie sich selbst Anerkennung, Respekt und Liebe schenken. Sie können sich dieses Geschenk sofort machen – ohne auch nur einen Euro dafür zu bezahlen. Tun Sie es? Oder tun Sie noch viel nur für Geld?

Ihr menschliches und ethisches Verhalten sind Ihr langfristiger Erfolgsgarant. Bevor Sie sich nur um mehr Geld kümmern, sorgen Sie für eine gute Beziehung zu sich selbst und zu anderen. Dann genießen Sie in Ihrem Leben reichlich Lebensfreude, gute Beziehungen und einen gesunden Geldfluss.

26

Geld ist Beziehung

Durch Geld sind wir mit Menschen in Beziehung. Geld ohne Beziehung gibt es nicht. Würden wir Geld nicht mehr als allgemein anerkanntes Tauschmittel akzeptieren, dann wäre es wertlos. Dann hätten Sie zwar Geld, ohne dadurch mit anderen Menschen in Beziehung zu sein, aber dieses Geld hätte keinen Wert mehr für Sie, gleich welche Summe an Scheinen Sie besitzen.

Wir stehen also durch Geld mit vielen Menschen in Beziehung. Die Qualität dieser Beziehungen wird durch unsere eigene Beziehung zu Geld beeinflusst. Häufig projizieren wir ungelöste Beziehungsprobleme auf Geld, sodass Münzen, Scheine oder Kontostände scheinbar schuld sind an unseren Schwierigkeiten. Auf der unbewussten Ebene sind es unsere eigenen Gefühle und Gedanken, die darüber entscheiden, wie wir Geld erleben und ob wir es in unserem Leben anziehen und es ungezwungen genießen oder Geld nur spärlich in unserem Leben fließt.

Sie haben kein Geldproblem, denn „Geldprobleme" gibt es nicht. Geld als solches verursacht keine Schwierigkeiten in unserem Leben. Diese entstehen immer nur durch die Menschen, die mit dem Geld in Verbindung stehen. Geldprobleme sind immer Beziehungsprobleme. So sind all Ihre scheinbaren Geldschwierigkeiten Themen, die Sie auf der Beziehungsebene haben und die sich in Ihrer Beziehung zu Geld offenbaren. Ihre Fähigkeit, mit Geld umzugehen, zeigt Ihre Beziehungsfähigkeit.

Geld verhält sich wie ein Mensch und reagiert wie ein Mensch. Denn Geld kann nur durch Menschen fließen. Fließt Geld mit Leichtigkeit in all Ihren Beziehungen, dann zeigt das Ihre eigene unbeschwerte Leichtigkeit, die Sie in sich und in Beziehung zu anderen Menschen leben.

Viele Beziehungen, Freundschaften und Geschäftspartnerschaften gehen wegen kleinster Geldstreitereien in die Brüche. In dem Versuch, zum eigenen Vorteil den anderen herunterzuhandeln, verletzt man die gegenseitige Achtung. Das führt dazu, dass die Beziehung sich nicht weiterentwickelt oder langsam zerbricht. Daran zeigt sich der Wert einer Beziehung. Wie stabil kann eine Beziehung sein, wenn Geld der Grund für eine Trennung ist? Würden Sie Ihren Freund oder Geschäftspartner im Stich lassen, weil er Ihnen 10 EUR nicht zurückzahlt? Wie sieht das aus bei 10.000 EUR? Wegen finanzieller Angelegenheiten die Beziehung aufzulösen zeigt nur, welch geringen Wert die Beziehung hat und wie wenig beiden Seiten an dem Erhalt der Beziehung und einer einvernehmlichen Lösung gelegen ist.

Auseinandersetzungen in Geldangelegenheiten werden häufig vermieden, um die Konfrontation mit dem damit verbundenen Menschen zu umgehen. Eine Beziehung, der Sie keine Konfliktgespräche zutrauen, ist nicht sehr stabil. Indem Sie sich mit Ihrem Partner auseinandersetzen, Klarheit schaffen, ihn in seiner Art kennen und begreifen lernen, wächst das gegenseitige

> *Geld verhält sich wie ein Mensch -*
> *weil es nur durch Menschen fließt*

Vertrauen zueinander. Geldkonflikte zeigen, ob sich die Beziehung bewährt. Durch eine Auseinandersetzung kann auch erkennbar werden, dass beide Seiten grundlegend andere Ziele,

Ideen und Wertvorstellungen haben. Dann ist es wertvoll, dies rechtzeitig zu sehen und eine für beide Seiten akzeptable Vereinbarung zu treffen, sodass größere Enttäuschungen und Verluste in Zukunft verhindert werden.

Mit jeder Beziehung, die wir auflösen, verlieren wir nicht nur den Wert und die Freude an diesem Menschen, sondern auch das ganze Potenzial, welches eine gute Beziehung mit sich bringt. Wir verlieren Unterstützung, Förderung, Empfehlungen, Kooperationen, Kontakte, Ideen, Inspirationen. In einer intensiven Beziehung findet viel Austausch und Unterstützung statt. Die Qualität der Beziehung bestimmt die Fülle neuer Möglichkeiten und den tatsächlichen Mehrwert, der für beide Seiten daraus erwächst.

> *Am Geld zeigt sich die Qualität und Intensität der Beziehung*

Verzichten Sie niemals auf Geld, das Ihnen zusteht, nur um eine Beziehung zu sichern. Geld ist Beziehung. Klären Sie die Beziehung, bis die finanzielle Vereinbarung für alle stimmig und motivierend ist, sodass gemeinsamer finanzieller Erfolg daraus erwächst. Je mehr Sie von Beginn an für klare Beziehungsverhältnisse sorgen, umso freier wird das Geld in diesen Beziehungen und durch diese Beziehungen fließen. Dies gilt auch in Unternehmen. Mit welchem Austausch oder welcher finanziellen Aufteilung erreichen Sie das beste Ergebnis? Wie gelingt es, alle Beteiligten dazu zu bringen, in höchstem Maße engagiert Unternehmensziele zu erreichen, sodass für alle mehr dabei entsteht?

In vielen Verhandlungen wird scheinbar berechtigterweise gegeneinander verhandelt, da jeder nur seine eigenen Interessen verfolgt. Da wir überzeugt sind, nur zu gewinnen, wenn der andere verliert, sind wir in unserem Denken und unseren

Möglichkeiten begrenzt. Mit einem Perspektivenwechsel ist es möglich, so zu verhandeln, dass gemeinsam größere Ziele und Gewinne für beide Seiten erreicht werden. Wie können Sie gemeinsam Ihr beiderseitiges Wachstum steigern? Stabile, gleichberechtigte und respektvolle Beziehungen bringen größeres Wachstum hervor. Wenn dagegen die Balance zwischen Geben und Nehmen nicht mehr stimmt, ist die Beziehung gefährdet. Es ist in jeder Beziehung wertvoll, darauf zu achten, dass der Austausch für alle Beteiligten stimmt und keine Übervorteilungen stattfinden.

Geld als Symbol für den Austausch in Beziehungen spiegelt Ihre Beziehung zu anderen Menschen und letztendlich Ihre Beziehung zu sich selbst. Ihre Beziehung zu anderen Menschen ist immer nur so gut wie Ihre eigene Beziehung zu sich. Alles, was Sie sind, fördert oder blockiert Ihre Beziehung zu anderen. Wenn Sie oft Ihre ehrliche Wertschätzung geben, so hat das eine förderliche Wirkung in der Beziehung. Ihr Gegenüber fühlt sich angenommen und geschätzt und schätzt Sie dafür. Wenn Sie dagegen sich selbst noch nicht ganz anerkennen, können Sie auch anderen Menschen nur bedingt Ihre Anerkennung zukommen lassen.

Wie leicht fließt Geld in Ihrem Leben?

Oder Sie sind geneigt, viel zu geben, um dadurch Anerkennung von Ihren Mitmenschen zu erhalten. Doch indem Sie geben, weil Sie etwas wollen, gerät der frei fließende Austausch ins Stocken. Auch sind Sie dann anfällig für Enttäuschungen, wenn Ihre unbewusste Erwartung nicht erfüllt wird. Das ist vorprogrammiert, wenn der andere gar nicht Ihre unbewusste Erwartungshaltung kennt und sie somit nicht erfüllen kann.

Die wirkliche Befriedigung Ihres Bedürfnisses erlangen Sie nicht durch andere, sondern indem Sie sich selbst Anerkennung und Selbstliebe zukommen lassen. Dann können Sie aus freien Stücken alles geben, was Sie wirklich gut und gerne geben können. Es ist zum Besten für alle, wenn jeder Mensch sich selbst ein bisschen mehr annimmt, anerkennt, umsorgt, sich in seinem Wert schätzt und sich selbst liebt. Zu einem gesunden Maß an Egoismus dürfen Sie also getrost zurückfinden. Egoist sein heißt wörtlich übersetzt völlig wertfrei: ichbezogen sein. Jenseits unserer gängigen Abwertung ist es ein Lebensrecht, ichbezogen zu sein. Denn egal welche Menschen Sie umgeben – sich selbst haben Sie immer. Mit sich selbst sollten Sie also in einer guten und harmonischen Beziehung leben. Nur so sind Sie auch in Verbindung mit anderen Menschen zu einer guten und harmonischen Beziehung fähig.

Geld ist eine Einladung, Ihr Leben zu bereichern. Das tut es dann, wenn Sie es offen annehmen und immer wieder auch gerne loslassen, um es mit Freude weiterzugeben für das, was Ihnen am Herzen liegt. Wenn Sie mit sich selbst im Fluss sind, wird auch Ihr Geld ein reger Geldfluss sein.

Indem wir mit Geld Beziehungen bewusst leben, Menschen in unser Leben und unseren Arbeitsalltag integrieren und den Wert menschlicher Leistung schätzen, dürfen wir neben der Bereicherung dieser Menschen in unserem Leben endlich erfahren, dass auch finanzieller Mehrwert die Folge ist.

Wenn sich uns die ganze Dimension dessen erschließt, was Geld ist, dann erkennen wir, dass es keine Krisen, Streitereien und auch keine Kriege wegen Geld geben kann. Es geht nie um Geld, sondern immer um unsere Beziehung zu uns selbst. Jede Form der Destruktivität würde sich erübrigen, wenn uns klar ist, dass wir alles immer nur uns selbst antun und nur wir selbst die Verantwortung oder unbewusst die Schuld daran tragen. Frieden – auch finanzieller Frieden – kehrt ein, wenn er in uns ist. Das erreichen wir erst dann, wenn nicht nur unser Körper ausreichend Nahrung und Wärme erhält, sondern auch unsere Seele gut genährt ist.

Wenn Sie im Spiegel Ihrer Beziehung zu Geld einen Mangel erkennen, dann ist das nicht der empfundene Mangel an Geld. Es ist Ihre mangelnde Liebe zu sich selbst.

27

Zur Mitte

Ein Leben ohne Mitte ist nicht erstrebenswert, weder für uns als Gesellschaft noch für uns als einzelne Menschen. Trotzdem geben wir die Mitte auf. Wir denken, handeln und diskutieren die Mitte weg und geben uns mit dem Verlust unserer Mitte zufrieden. Unsere Chance, als Gesellschaft gemeinsam zu wachsen und wieder verbreiteten Wohlstand zu erlangen, lassen wir brachliegen.

Wir leben bereits in immer größerer Trennung voneinander und bekommen den Verlust der Mitte zu spüren. Es gibt immer weniger reiche Menschen, die dafür umso mehr Reichtum genießen. Sie ernten für alles, was sie an finanziellem Beitrag für die Gemeinschaft leisten, nicht die Anerkennung, die sie verdienen. Sie ziehen stattdessen zunehmend den Unmut von immer mehr Menschen auf sich, die durch ihren eigenen finanziellen Engpass neidisch und wütend sind. Wir leisten den scheinbar Schwächeren nicht nur gezielt Hilfe zur Selbsthilfe, sondern gewähren dauerhafte staatliche Zuwendungen, die jede Motivation rauben und den Glauben an das eigene Unvermögen bestätigen. Wir haben ein Bewertungssystem, das belohnt und bestraft. Wir kultivieren zum Beispiel großzügig unser Armutsbewusstsein, indem wir das Wachstum auf dem Weg zu mehr Wohlstand und das Reichsein bestrafen, anstatt erstrebenswerte Anreize zu schaffen. Wir halten die Kleinen klein und die Großen auch. Die Großen, denen das nicht passt, wandern aus. Spätestens dadurch sind wir alle ein großes Stück kleiner geworden. Indem wir nehmen, ohne dankbar zu sein, oder uns ärgern, dass es immer noch nicht reicht, erleben wir anstatt Dankbarkeit nur Unzufriedenheit. Wenn wir geben, ohne Dankbarkeit zu erhalten oder gar Unmut ernten, bringt uns das ebenfalls in Missstimmung. Mit dieser Art zu geben und zu nehmen werden auf beiden Seiten destruktive Gefühle geschürt, mit denen wir uns negativ programmieren und negative Resultate bewirken. Erst indem wir mehr Verständnis füreinander entwickeln und dankbar und gerne annehmen und geben können, werden wir größeres gemeinsames Wachstum bewirken.

Solange wir auf die Politik, die Wirtschaftslage, die Unternehmen und alle sonstigen Sündenböcke schimpfen, tun wir eines nicht: selbst die Verantwortung für uns tragen, für unsere Situation und unser Leben. Wir sind nicht unschuldig, denn wir sind selbst verantwortlich für alle unsere Handlungen und unser Leben. Wir sind alles andere als hilflos. Wir haben unsere Macht, wenn wir unserer selbst mächtig sind. Uns sind keine anderen Grenzen gesetzt als die, die wir uns selbst setzen.

Was uns in unserem Leiden hält, ist die Angst vor dem Übergang zu einer neuen gemeinsamen Entwicklung. Übergangsphasen sind immer schmerzhaft – wie bei jeder Geburt. So ist

> *Eine Gesellschaft ohne ihre Mitte bricht auseinander!*

es verständlich, dass es leichter erscheint, die Augen zu verschließen, anstatt das zu sehen, was allzu offensichtlich ist: Unser bestehendes System ist nicht dauerhaft tragbar. Leere Staatskassen, eine Staatsverschuldung in Schwindel erregender Höhe und darauf anfallende Zinsen erfordern ständiges Wachstum und damit eine endlose Steigerung unserer Wirtschaftskraft. Wir verlangen uns damit ein Wachstum ab, das es in der Natur nicht gibt und auch nicht geben kann, denn jedes natürliche Wachstum genießt Regenerationsphasen, sodass daraus wieder Neues entstehen kann. Wir hoffen auf ein Wunder, um mit dem Ausmaß unserer Situation nicht konfrontiert zu werden. Doch nur hoffen ist fatal. Es hält uns davon ab, die Probleme sofort anzupacken, um sie effizient und nachhaltig zu lösen.

Stabiles finanzielles Wachstum kann nicht ohne das dazugehörige menschliche Wachstum geschehen. Erst wenn wir gemeinsam wachsen, werden wir nicht nur finanziellen Reichtum, sondern auch ein viel höheres Maß an menschlichem Glück erleben. Solange allerdings nur wenige Menschen von Entwicklungen profitieren, wird es auf der anderen Seite immer viele Menschen geben, die auf der Strecke bleiben, wodurch neue Probleme aufgeworfen werden. Zum anderen sind wir, solange wir nur unserer Profitgier folgen, unseren Ängsten erlegen, zu kurz zu kommen, zu verlieren oder nicht ausreichend versorgt zu sein. Erst frei von diesen Ängsten sind wir frei von der Gier, zwanghaft mehr haben und anderen zuvorkommen zu müssen. Dann sind wir erst frei, uns selbst zu folgen.

Reich sein ist ein emotionaler Zustand – ein Lebensgefühl. Wenn Sie sich wirklich innerlich reich fühlen, dann tun Sie das unabhängig von Ihrer tatsächlichen finanziellen Situation, denn dann ist ein akuter finanzieller Engpass für Sie ein vorübergehender Zustand, der sich auch wieder verändert. Sie können also pleite und dennoch reich sein. Es liegt in Ihnen. Sie besitzen das Vermögen, das Sie brauchen, um daraus neues Vermögen aus Ihrer eigenen Mitte hervorzubringen.

Wenn Sie sich mehr Erfolg wünschen, dann werden Sie auch das nicht ohne Ihre gesunde und für Ausgleich sorgende Mitte schaffen. Sie können sich Ihren Erfolg erarbeiten. Doch wenn Sie über einen zu langen Zeitraum nur angestrengt arbeiten, dann wird Ihr Körper Ihnen seine Kräfte versagen. Wenn Sie dagegen nur faul auf dem Sofa liegen, wird Sie Ihr Erfolg auch nicht gerade dort abholen. Erst in gesunder Balance zwischen erfolgsorientiertem Einsatz und verdienten Ruhe- und Regenerationsphasen sind Sie dauerhaft leistungsfähig und für Ihren Erfolg gerüstet.

Wenn sich alles in Ihrem Leben nur um Geld dreht, dann machen Sie sich Ihr Leben selbst unnötig schwer. Wenn Sie Geld verachten, dann kreieren Sie finanzielle Probleme, durch die Ihr Leben keinesfalls leichter wird. Frei von Überbewertung und Ablehnung können Sie Ihre Ziele mit Leichtigkeit erreichen. Wenn Sie in Ihrer Leichtigkeit sind, dann sind Sie garantiert in Ihrer Mitte. Wenn Sie in Ihrer Mitte sind, erleben Sie innere Stärke, Ausgeglichenheit, Ruhe und ein hohes Maß an Frieden.

Können Sie auf Ihre Mitte verzichten?

Die meisten unserer Lebensziele stehen mit unserer Mitte in Verbindung. Wenn Sie sich eine glückliche Familie wünschen, dann erfordert auch das eine gesunde Balance innerhalb Ihres Familiensystems. Erst wenn Sie ein ausgewogenes Verhältnis zwischen Arbeitseinsatz und freier Zeit genießen, erleben Sie mehr Ausgeglichenheit als andauernden Stress, der auch innerhalb der Familie zu Anspannung führt. In einer glücklichen Familie finden alle Familienmitglieder Berücksichtigung, sodass Ruhe einkehrt und niemand mehr um sein Recht kämpfen und durch auffälliges Verhalten Unfrieden stiften muss. In einer glücklichen Familie besteht eine aufrichtige Verbindung zwischen Menschen, die trotz aller Auseinandersetzungen und Reibungen immer wieder zu einem gemeinsamen Nenner zurückführt. Sie nährt ihr Glück dadurch, dass gegenseitige Wertschätzung, Anerkennung und Liebe fließen. All das erwächst aus unserer Mitte. Ein Mensch ohne seine körperliche Mitte kann nicht mehr als Mensch existieren. Eine Gesellschaft ohne ihre Mitte kann das genauso wenig. Sie besteht dann nicht mehr als eine Einheit, sondern nur noch als voneinander getrennte Teile, denen der Zugang zueinander fehlt. Es wird keine Gewinn bringende Lösung sein, sich auf die scheinbar bessere Seite einer gespaltenen Gesellschaft zu schlagen, denn durch den Verlust der Mitte verlieren wir alle. Die Mitte ist die gesunde Grundlage für größeres Wachstum. Sie sorgt für Ausgewogenheit, sie verbindet getrennte Teile und schafft ein größeres Ganzes und eine breite Vielfalt. So ist auch die Stabilität der Mitte in unserer Gesellschaft und Unternehmenslandschaft für uns alle wichtig, denn dadurch genießen wir alle Facetten unserer Gemeinschaft, erleben Menschlichkeit und Verständnis und können mit größerer innerer Kraft Probleme nachhaltig lösen.

Gleich welche Herausforderung wir in finanzieller Hinsicht zu meistern haben, sie wird zu unserem Besten sein und uns in unserem inneren Wachstum fördern. Krisen beinhalten in jeder Beziehung Wachstumschancen. Auch wir sind in der vergangenen wirtschaftlichen Krise gewachsen. Unser Gemeinschaftsgefühl und die Offenheit für Kooperationen und Netzwerke verschiedenster Art sind in den letzten Jahren enorm gestiegen. Ein Wert, den wir bereits unserer „Krise" zu verdanken haben. Auch zeigt sich in besonders herausfordernden Situationen, wie wir tatsächlich über Geld, Besitz und Reichtum denken. Wir verfügen dann über ein hohes Maß an Reichtumsbewusstsein, wenn wir gelassen in unserer Mitte bleiben und uns immer wieder zuversichtlich auf unsere Zukunft einstellen.

Wir entscheiden, wozu wir mit unserem Geld beitragen und was wir wirklich wachsen lassen wollen in unserem Leben und in unserer Welt. Niemand wird uns eine finanziell und menschlich reichere Welt bereiten, wenn wir nicht unseren eigenen Beitrag dazu leisten. Dann erst kann auch unser Geld all das unterstützen, was wir uns wünschen, weil wir unser Geld dafür einsetzen.

Nur wir selbst können den Anfang machen für menschliches Miteinander im Umgang mit Geld – dankbar und wertschätzend.

28

Hoffnungsträger nächste Generation

Sie ist unsere Hoffnung, die heranwachsende nächste Generation. Sie soll unser Rentensystem stützen, das soziale Netz flicken, mit unseren Schulden besser zurechtkommen als wir und irgendwie die Entschuldung unseres Staates bewältigen. Wir dürfen uns nicht darüber wundern, wenn unser hoffnungsvoller Nachwuchs wegen mangelnder persönlicher und beruflicher Perspektiven und in Panik vor all der Verantwortung, die Gesellschaft zu retten, sich gleich selbst ins Rettungsnetz fallen lässt... Falls dann noch jemand da ist, der es überhaupt hält.

Ende der 50er Jahre erst entstand unter Bundeskanzler Adenauer unser heutiges Rentensystem, das heute bereits zum Scheitern verurteilt ist. Zugunsten des eigenen Machterhalts wurden damals Rentenversprechen und Ausgaben geleistet, für die fortan einfach die nächste Generation aufzukommen hatte. Generationenvertrag nennt man deshalb dieses Konstrukt, dem allerdings keiner aus der damals noch nicht existenten nächsten Generation zustimmen konnte. Seither bürdet man der nächsten Generation immer höhere Belastungen auf. Wie immer weniger junge Menschen eine immer älter werdende Gesellschaft mittragen sollen, bleibt ein unlösbares mathematisches Rätsel.

Rentner sind politisch zunehmend relevant, Kinder sind es in der jeweils aktuellen Legislaturperiode nicht. Rentner wählen die Partei, die ihre Ansprüche bestmöglich vertritt. Doch die Renten werden durch eine jüngere leistungsfähige Generation gewährleistet, die diese Renten sichern soll. Es ist also im Interesse aller, wenn wir den Jüngsten in unserem Lande die besten Perspektiven und Möglichkeiten eröffnen. Doch aus Angst vor der eigenen finanziellen Misere neigen wir dazu, die eigenen Interessen

> *Gemeinschaften*
> *werden gemeinsam geschaffen!*

zu verteidigen. So ist es das Resultat unserer Angst, dass wir immer mehr zu Einzelkämpfern werden und gesamtgesellschaftliche Lösungsansätze damit verhindern.

Unseren Kindern nehmen wir ständig ein Stück ihrer Grundlage weg. Auch müssen sich Kinder in unserer Gesellschaft „rechnen", und so investieren wir nur verhalten, um unserem Nachwuchs eine optimale Entwicklung und Bildung zu sichern. Für unsere Kinder dagegen rechnet sich das, was wir ihnen als Erbschaft hinterlassen, schon längst nicht mehr. Die Verschuldung jedes neugeborenen Babys liegt bereits im fünfstelligen Bereich, obwohl dieses Wesen noch gar keine Gelegenheit hatte, eigene Schulden zu produzieren!

Unsere Kinder sind Luxus, denn sie kosten viel Geld. In jungen Familien müssen häufig beide Eltern arbeiten, sodass in der Schulzeit Probleme auftreten, wenn die Kinder zeitlich nicht ausreichend von den Eltern begleitet werden können. Andernfalls entsteht durch den Gehaltsausfall eines Elternteils zugunsten der Kindererziehung ein finanzieller Engpass, der wenig Raum lässt für die Förderung der individuellen Talente des Kindes.

Es stellt sich die Frage, welchen Wert diese heranwachsende Generation für uns hat. Was sind wir bereit zu geben, um ihnen ein stabiles Fundament zu schaffen? Wir können nicht einfach unseren Nachkommen unsere finanziellen Probleme überlassen, sondern müssen sie selbst angehen. Unseren Nachkommen gilt es zu vermitteln, wie sie ihre eigenen Herausforderungen erfolgreich meistern können. Wir können unseren Kindern lebenswerte Werte vermitteln, sodass sie mehr Liebe, Freude und Zufriedenheit erfahren. Wir haben ausreichend Erfahrungswerte weiterzugeben, insbesondere aus dem eigenen Umgang mit Geld. Auch aus all unseren Fehlern können wir wertvolle Erkenntnisse ableiten, wie es besser gehen könnte.

Solange wir nicht offen und ehrlich das Thema Geld und unsere Werte in den Mittelpunkt stellen, lassen wir es zu, dass unsere Kinder auf anderen Wegen zu sehr fragwürdigen Überzeugungen gelangen. Früher waren Jugendliche stolz, wenn sie sich etwas kaufen konnten, auf das sie lange hingespart hatten. Heute prahlen Jugendliche damit, etwas „Geiles“ für nur x Euro ergattert zu haben. „Man ist halt, was man hat.“ In der jüngeren Generation scheitern Freundschaften deshalb nicht erst bei auftretenden Geldstreitigkeiten, sondern bereits aufgrund des Status, den jemand verkörpert, und dessen, was er sich leisten kann. Geiz ist zusätzlich für so manche Freundschaft eine harte Bewährungsprobe, wenn keine gegenseitige Wertschätzung mehr fließt.

Woher soll die nächste Generation Werte erfahren, wenn wir diese nicht mehr vorleben und als wertvoll an sie weitergeben?

Geld hat eine hohe Bedeutung in unserem Leben. So ist es verwunderlich, dass das Thema Geld in Schulen nicht behandelt wird, obwohl es für jedes Kind einmal das Mittel für seine eigene Existenzsicherung sein wird. Geld hat mit unseren Werten zu tun und mit unserer Beziehung zu anderen Menschen. So sollten wir Kinder in ihrer sozialen und persönlichen Entwicklung von

Anfang an optimal unterstützen. Für einen gesunden Umgang mit Geld ist das eigene Selbstwertgefühl entscheidend. Das setzt voraus, dass jedes Kind unabhängig von materiellen Statussymbolen ein gesundes Selbstwertgefühl entwickeln kann und um seine Talente und Fähigkeiten weiß. Darauf aufbauend kann sich ein Kind umso mehr auf sinnvolle und produktive Weise in eine Gemeinschaft einbringen, je mehr es sich in seiner Individualität bereits entfaltet hat.

Die Förderung des Teamgeistes und Gemeinschaftsgefühls ist nicht nur unter sozialen Aspekten wichtig, sondern auch, um Kindern stabiles finanzielles Wachstum zu ermöglichen.

> *Wir sind die Basis des Reichtums,*
> *den wir haben und*
> *der nächsten Generation weitergeben*

Dafür müssten Kinder lernen, souverän mit Geld umzugehen, offen darüber zu sprechen und ihre eigenen Werte zu leben. Wenn sie frühzeitig lernen, auf einen guten Austausch in Beziehungen zu achten, dann werden sie nicht nur finanziell nachhaltig wachsen, sondern auch Freude und Genuss im Umgang mit Geld erfahren – neben dem Gewinn vieler guter Beziehungen. Für unsere Kinder könnte der bewusste und souveräne Umgang mit Geld dann eine Selbstverständlichkeit sein.

Kinder sollten in der Schule aufgefordert werden, mit den bestehenden sozialen Unterschieden umgehen zu lernen und Verständnis füreinander zu entwickeln. Stattdessen erfahren Kinder Ablehnung aufgrund ihres sozialen Status, auf den sie als Kind keinerlei Einfluss haben. Kinder aus ärmeren Familien werden abgelehnt und umgekehrt werden Kinder aus sehr wohlhabenden Familien als arrogant eingestuft. Dabei verhalten sich Kinder anderen Menschen gegenüber offen und vorurteilsfrei, so lange bis sie durch unsere Werte und unsere Gesellschaft lernen, wer oder was besser oder schlechter, richtig oder falsch, wertvoll oder wertlos ist. Viele Kinder fühlen sich zum Beispiel nicht mehr um ihrer selbst willen von anderen anerkannt oder erfahren elterliche Liebe vorwiegend durch den Kauf teurer Geschenke. Sie leiden nicht unter einem finanziellen Mangel, sondern unter fehlender emotionaler Nähe und Geborgenheit. Es ist deshalb wichtig, dass wir Kindern ermöglichen, einander unabhängig von materiellen Werten von Mensch zu Mensch zu begegnen. Kinder könnten dann voneinander lernen, was es heißt, kein Geld zu haben, und wie sehr sich das in ihrem Leben auswirkt. Genauso dürften sie erfahren, welche Herausforderungen viel Geld mit sich bringt. Kinder erleben dann, dass sie ähnliche Probleme teilen und dass sie sich als Menschen sympathisch sind. Dadurch ist vorhandene Sympathie und menschliche Verbundenheit für jedes Kind spürbar: unabhängig von Geld, Besitz und Status.

Kinder verfügen über viele Qualitäten, die es zu bewahren gilt. Kinder können noch miteinander streiten und nach jedem Streit wieder die besten Freunde sein. Das gilt zumindest solange wir diesen Prozess nicht mit „Man streitet nicht" unterbrechen, während wir parallel Streit täglich vorleben oder unterschwellig schmollen. Kinder zeigen ehrliches Mitgefühl, indem sie mit dem anderen mitfühlen, anstatt mit weisen Worten jede emotionale Begegnung zu vermeiden. Kinder können gemeinsam trauern, Freude miteinander teilen und das Leben genießen. Kinder haben noch die Unbeschwertheit, die für einen unbeschwerten Umgang mit Geld erforderlich ist. Mit professioneller Unterstützung können wir Kindern zur Seite stehen, sodass sie sich in einer integrierten Klassengemeinschaft wohl fühlen und voneinander lernen. Je harmonischer das schulische Klima für ein Kind ist, umso mehr kann es sich darin frei entfalten und seine schulischen Leistungen mit Leichtigkeit verbessern.

Besonders in der Pubertät verändert sich für einen jungen Menschen vieles. Er erlebt in engen bestehenden Beziehungen eine starke Veränderung, sowohl zu sich selbst und seinem eigenen Körper als auch in der Beziehung zu Vater und Mutter. Hier verstärken sich Prägungen, die auf die Beziehung zu Geld Einfluss haben, bzw. zeigt sich die Veränderung der eigenen Beziehung zu Geld. Für viele ist der Kauf einer neuen Hose bis dahin eine Selbstverständlichkeit. Doch mit dem ersten eigenen Geld erfahren sie, dass man beispielsweise sehr lange Zeitungen austragen muss, um sich genau diese Hose kaufen zu können. Das Erleben einer völlig neuen Relation zu Geld führt bei vielen Jugendlichen zu großer Verunsicherung, und so ist es besonders in dieser Zeit wichtig, Teenagern den Zugang zu diesem Thema zu erleichtern. Ähnlich wie im Sexualkundeunterricht brauchen sie Aufklärung, einen festen Rahmen, in dem sie sich mitteilen und austauschen und dadurch an Sicherheit gewinnen können. Indem wir das Thema Geld zu etwas ganz Selbstverständlichem für unsere Kinder machen, unterstützen wir sie gezielt in ihrem eigenständigen und souveränen Umgang mit Geld – ein Gewinn, der ihr gesamtes Leben erleichtern und bereichern wird.

Das verlangt nicht sehr viel Einsatz und auch nicht viel Geld. Es erfordert in erster Linie unsere Wertschätzung für diese heranwachsende nächste Generation. Es stellt sich die Frage, inwieweit uns eine solche Weiterentwicklung in unserer Gesellschaft jetzt schon ein wichtiges Bedürfnis ist. Wir haben die Möglichkeit, für uns und unsere Kinder eine Welt mitzugestalten, in der sich Menschen vernetzen und verbreiteter Reichtum vielen Menschen zugute kommt. Losgelöst von Grenzen können unsere Kinder die bestehenden Herausforderungen und Umweltbelastungen gemeinsam lösen. Diesem Ziel kommen wir nicht näher, solange wir uns in dem Bestreben nach schnellem finanziellem Gewinn auf Einsparen und Rationalisieren von Menschen begrenzen.

> *Für welche Zukunft leisten*
> *Sie Ihren Beitrag?*

Wir tragen selbst dazu bei, ob Menschlichkeit im Umgang mit Geld und breiter Wohlstand ein erstrebenswertes Ziel für unsere Nachkommen sein wird. Daraus eröffnen sich jedem Einzelnen viele neue Chancen für die eigene Zukunft und zusätzlicher Reichtum.

Gleich, was wir unbewusst oder auch bewusst an Werten, Überzeugungen und „Sein“ vorleben: Wir sind heute das Fundament für das, was wir und unsere Nachkommen in Zukunft haben werden.

Das Wertvolle im Leben
sind die Menschen darin!

29

Meine Beziehung zu Geld

Geld hat in meinem Leben schon sehr früh eine Rolle gespielt. Als kleines Kind durfte ich mit dem Geld aus der Geschäftskasse meiner Eltern spielen, während meine Mutter die Buchhaltung für unsere Metzgerei erledigte. Meine Eltern hatten offensichtlich keine Sorge, dass dadurch mein Charakter verderben könnte. Dieser Moment war es ihnen sogar wert, mit einem Foto, auf dem ich mit sichtlichem Spaß mit den Geldscheinen um mich werfe, verewigt zu werden.

Das erste Erlebnis mit Geld, an das ich mich bewusst erinnere, hatte ich mit 5 Jahren. Nachdem ich im Kindergarten gelernt hatte, allein über die Straße zu gehen, wollte ich das meinen Eltern feierlich demonstrieren. Um zu zeigen, wie „groß" ich schon bin, wollte ich eigenständig etwas Nützliches erledigen. Meine Mutter gab mir 5 DM, die ich bei der nahe gelegenen Bank in unserem Dorf einzahlen durfte. Dort wurde ich freudig begrüßt, ausgiebig gelobt und mit Komplimenten bedacht. Ich fühlte mich richtig groß!

Da ich nun so gerne zur Bank ging, durfte ich regelmäßig dort Geld einzahlen. Ohne mir dessen bewusst zu sein, trug ich mit Selbstverständlichkeit die Verantwortung für sehr viel Geld, denn meine Eltern vertrauten mir dabei die Tageseinnahmen unserer Metzgerei an. Geld war für mich mit Freude, Anerkennung und einem Sinn verbunden und es war für mich Ausdruck meiner

Selbständigkeit und Unabhängigkeit. Ich wusste nur noch nicht, warum Geld als solches so wichtig war. Meine Eltern arbeiteten dafür jeden Tag in ihrer Metzgerei, oft auch am Abend und an vielen Wochenenden. Ich verstand nicht, warum man so viel Zeit damit verbrachte, mehr Geld zu bekommen, welches Ziel genau damit verbunden war und wann der angestrebte Zustand, „es geschafft zu haben", erreicht war.

An einem ganz normalen Tag bekam ich eine unerwartete Antwort. Ich war gerade mit meinem Bruder in der Küche, als unsere Mutter aus dem Geschäft hereinkam und sich beiläufig über einen Kunden mit „Der hat's geschafft!" äußerte. Sofort lief ich zur Spiegeltür, durch die ich in den Ladenraum schauen konnte. Jetzt war ich also kurz davor zu erfahren, wie so ein Mensch aussah. Mein Bruder rannte nach dem ersten Blick auf diesen Menschen hinaus auf den Gehweg, um die Limousine des Einkäufers zu bewundern. Ich schlich in den Laden, um einen besseren Eindruck zu bekommen. Was auch immer ich erwartet hatte, war offensichtlich das Gegenteil von dem, was ich zu sehen bekam: Ich sah nur einen sehr gepflegten Menschen, der steif wirkte, leere Augen und ein ausdrucksloses Gesicht hatte. Von Lebendigkeit, Freude und einem ansteckenden Lachen keine Spur. In dem Moment geriet meine innere Welt aus den Fugen. Das konnte es unmöglich sein, worum es für mich in meinem Leben gehen sollte – so viel war klar. Ich fühlte nur Leere. Meine Freude an Geld war damit erst einmal verloren, und ich wusste weniger denn je, was der Sinn des Geldes sein sollte. Auch verlor ich meine Orientierung, denn an dem, was für andere so offensichtlich erstrebenswert war, konnte ich mich nun nicht mehr orientieren. Nur, woran dann?

In dem Bestreben, mein Leben auf Geld und Besitz auszurichten, hat mich immer ein Gefühl von Sinnlosigkeit beschlichen.

Ich habe deshalb nie aufgehört, daran zu glauben, dass mehr möglich sein musste oder es vielleicht um etwas ganz anderes für mich ging, sodass Geld mein Leben neben materiellem Besitz vor allem durch erlebbares inneres Glück bereicherte. Mit 19 Jahren habe ich meinen frisch erlangten sicheren Traumberuf in der Arbeitsvermittlung gekündigt und die erste größere wirklich sinnvolle Investition getätigt. Ich investierte in mich!

Während der drei Jahre, die ich in den USA, Asien und Costa Rica gelebt habe, habe ich verschiedene Kulturen kennen gelernt und Menschen, die all den von mir ersehnten Reichtum ausstrahlten. Ich habe in meinem eigenen goldenen Käfig mit ausreichend Geld, schöner Wohnung, Tennisanlage, Swimmingpool, Auto, Chauffeur, tollem Job auch erlebt, dass Geld nicht glücklich macht, wenn man nicht glücklich ist. Ich habe mein eigenes Bild gewonnen, was für mich erstrebenswerter Reichtum ist: eine Verbindung von innerem und äußerem Glück. Reichtum, der mich nicht berührt, ist für mich Verschwendung. Erst Reichtum, der mein Herz bewegt, lässt mich auch reich sein.

> *Es liegt in jedem von uns, inwieweit wir Wertschätzung und Liebe im Überfluss leben*

Wenn wir Geld wieder mit dem Herzen begreifen und bewegen, dann gewinnen wir nicht nur an Menschlichkeit und Nächstenliebe, sondern auch den Reichtum, den wir uns selbst dadurch erschaffen

Nicole Rupp